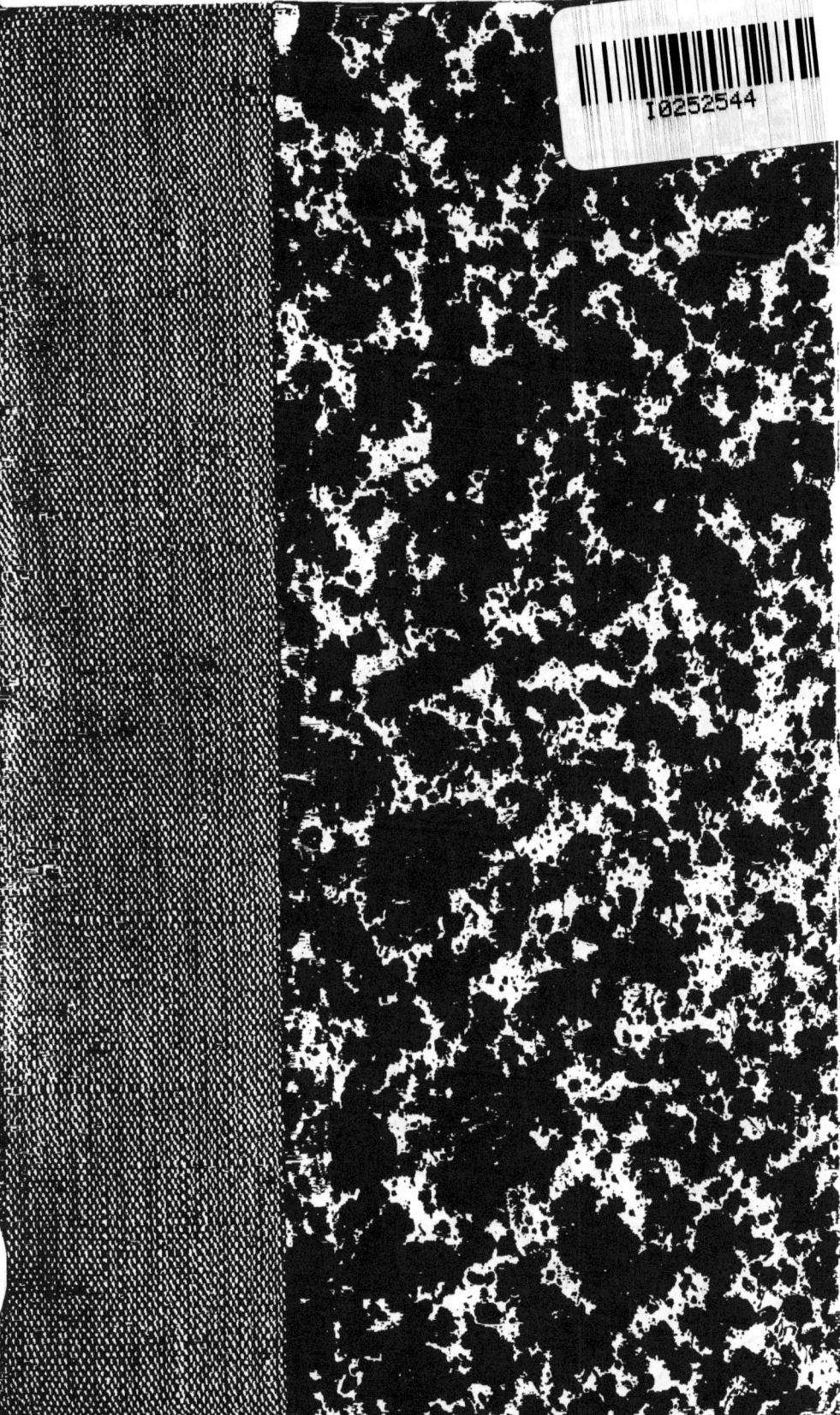

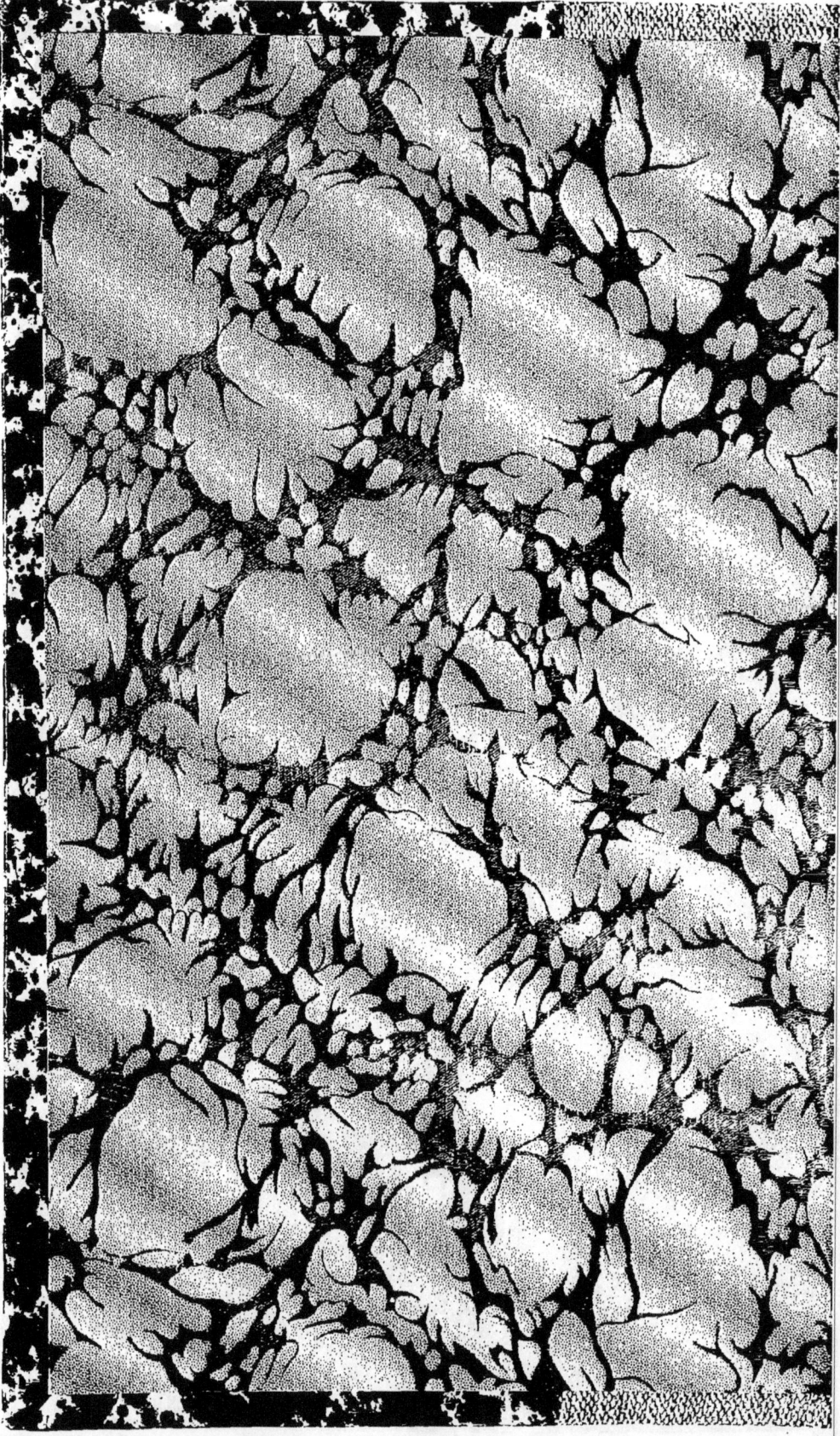

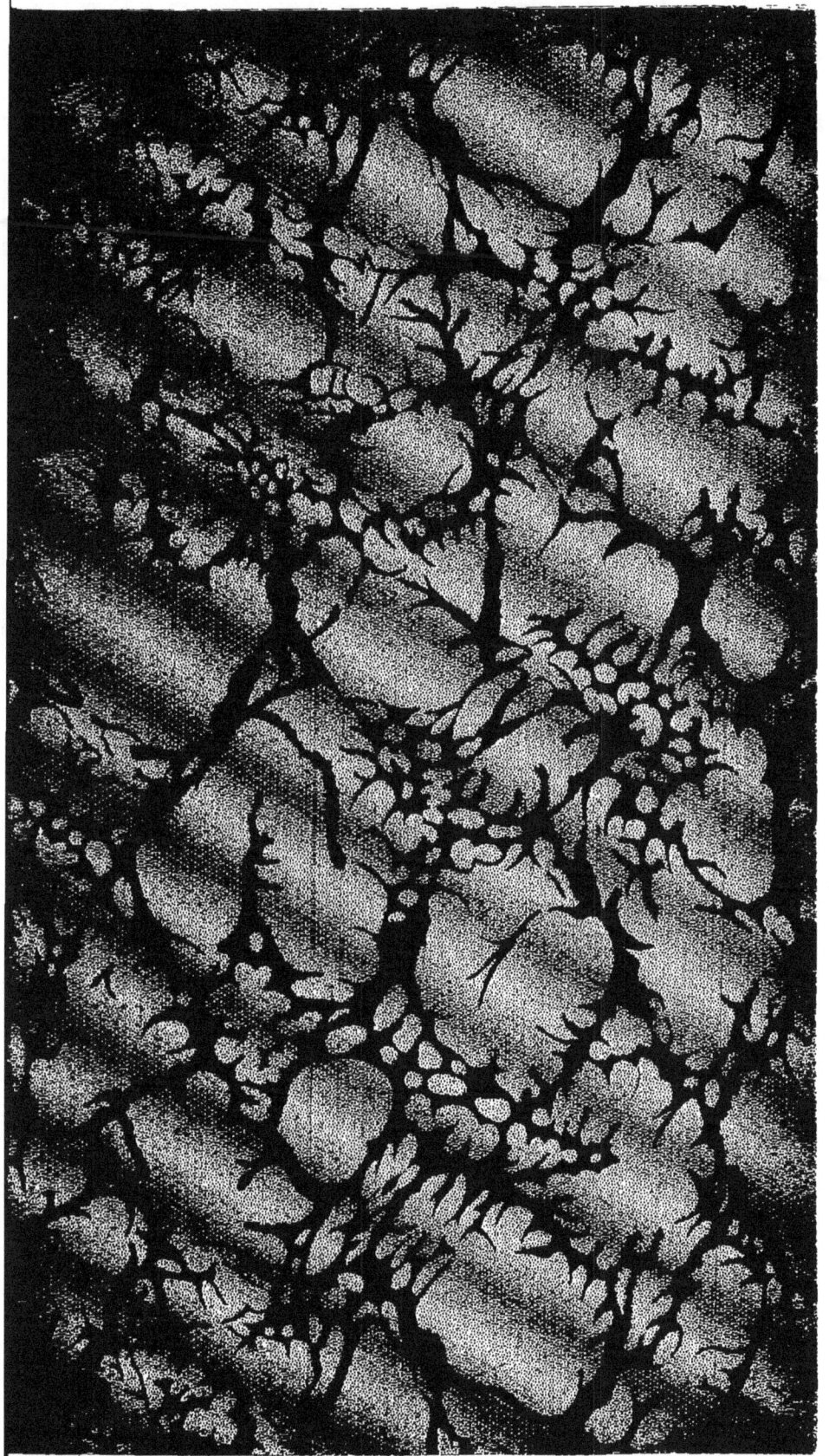

E. MARTIN REL.

QUATRE MOIS

DANS

LE SAHARA

1951. — ABBEVILLE. — TYP. ET STÉR. GUSTAVE RETAUX.

QUATRE MOIS
DANS
LE SAHARA
JOURNAL D'UN VOYAGE
CHEZ LES TOUAREG
SUIVI D'UN APERÇU SUR LA
DEUXIÈME MISSION DU COLONEL FLATTERS

Par F. BERNARD
CAPITAINE D'ARTILLERIE

Membre de la première mission, membre de la Société de Géographie.

OUVRAGE ORNÉ DE 15 GRAVURES D'APRÈS LES DESSINS DE L'AUTEUR
ET D'UNE CARTE

PARIS
LIBRAIRIE CH. DELAGRAVE
15, RUE SOUFFLOT, 15
—
1881
Tous droits réservés.

AVANT-PROPOS

Par décision, en date du 7 novembre 1879, M. le ministre des travaux publics chargeait M. le lieutenant-colonel Flatters, de diriger une exploration ayant pour but de reconnaître le pays situé au sud de la province de Constantine, en vue de l'établissement d'un chemin de fer transsaharien. Le personnel se composait de MM. Masson, capitaine d'état-major, Béringer, ingénieur des travaux de l'État, Roche, ingénieur des mines, Bernard, capitaine d'artillerie, Guiard, médecin aide-major, Brosselard et Lechatelier, sous-lieutenants d'infanterie, Cabaillot et Rabourdin, conducteurs des ponts et chaussées. Les achats en vivres et cadeaux ayant été presque entièrement faits à Paris, la mission quittait cette ville le 7 janvier pour se rendre à Constantine, où elle devait terminer ses approvisionnements. Partie de Constantine le 25, elle arrivait le 28 à Batna et le 1ᵉʳ février à Biskra. Dans cette dernière ville, il est mis à sa disposition douze hommes du bataillon d'Afrique comme ordonnances ou ouvriers ; quelques hommes, indigènes ou européens, ont été engagés à Constantine et à Biskra ; au départ de cette ville, le personnel de service était complétement constitué. La route de Biskra à Ouargla se fait au moyen de chameaux de louage et sous la garde d'une escorte de spahis. A Ouargla la caravane définitivement constituée se composera de chameaux en nombre suffisant qui devront y être achetés, de chameliers et enfin d'une escorte de cavaliers à *Méhara* qui devaient en même temps servir de guides. Tout ce personnel pouvait être armé à l'occasion de fusils Gras que la mission emportait dans ce but en nombre suffisant. D'après les instructions données à Paris, on avait dû faire entrer dans la composition de la caravane le moins possible d'éléments militaires constitués. On renonçait ainsi aux avantages qui auraient résulté pour la sécurité de la mission et la liberté de ses mouvements, du choix d'un personnel tiré des régiments indigènes. Cette décision devait avoir des conséquences fâcheuses dans l'avenir et mettre la mission dans la dépendance d'hommes, guides ou chameliers, tirés de tribus peu habituées à obéir et cherchant toujours à profiter d'une situation quand ils s'en sentent les maîtres.

QUATRE MOIS
DANS LE SAHARA

CHAPITRE I

DE BISKRA A TOUGOURT. — LE BAS IGHARGHAR ENTRE EL-GOUG-ET H. OULED-MILOUD. — OUARGLA.

Le 7 février 1880 nous quittions Biskra vers 8 heures du matin, marchant sur Bordj-Saada où nous devons camper ce soir; on longe, puis on traverse l'Oued-Djeddi, qui contourne le petit mamelon sur lequel est bâti le bordj, il y a de l'eau dans la rivière en ce moment. Le lendemain, après une marche de six heures dans une plaine sablonneuse semée de buissons de jujubier, nous venons camper à côté du bordj de Chegga. Les jardins qui entourent ce dernier sont arrosés par deux puits artésiens. De Chegga à Oum-el-Tyour, le sol devient un peu mouvementé et se couvre de petites dunes de sable. Un peu avant d'arriver à l'oasis on commence à voir vers l'est la ligne du *chott* Melghir; Oum-el-Tyour est une petite oasis de cinq à six milles palmiers, arrosée par trois puits artésiens d'un faible débit. On y voit un minaret assez remarquable. De ce point jusqu'à Mraïer, nous suivons à 10 kilomètres environ la rive ouest du chott. On voit constamment se produire des effets de mirage qui figurent une grande étendue d'eau bornée par de hautes falaises à l'horizon. Nous laissons à l'est deux oasis, Ourir et Nsira, arrosées par plusieurs puits artésiens. Mraïer contient environ quarante mille palmiers. On y a pratiqué deux forages qui donnent une quantité d'eau considérable.

Le 11 février, laissant à l'ouest la grande oasis de Sidi-Khlil, nous allons camper près du puits de Nza-ben-Rezig. Le lendemain, nous traversons Ourlana et nous nous arrêtons à Tamerna où se voient quelques restes remarquables d'une mosquée fort ancienne. L'oasis est arrosée par plusieurs puits dans lesquels on voit beaucoup de poissons.

Le 12, nous passons Sidi-Rached et venons camper au pied des dunes qui entourent le bordj de Ghamra. Près de cette oasis, existe un lac salé assez étendu où l'on voit une foule d'oiseaux d'eau.

De Ghamra à Tougourt où nous sommes le 14, la route traverse un chapelet de petits *chotts* séparés par de petites dunes. L'oasis de Tougourt comprend plusieurs *ksour* qui se cachent au milieu de l'immense forêt de palmiers comptant plus de quatre cent mille pieds. Nous séjournons à Tougourt les 15, 16 et 17 février.

Le 18, nous gagnons Témacin qui se trouve à 16 kilomètres au sud. Le *ksar* est entouré d'une enceinte en fort bon état, flanquée de nombreuses tours. Un fossé large et profond règne sur tout le pourtour et reçoit le trop plein des nombreuses sources qui arrosent l'oasis. Nous campons à côté de la zaouia de Si-Mohamed-Sghir, chef de la confrérie des *Tedjina*. Nous sommes fort bien reçus par ce personnage, dont le frère était venu à Tougourt pour nous inviter à faire halte à la *azouia*. Le grand marabout nous donne des lettres de recommandation pour les chefs *touareg*. Il doit joindre à la mission un de ses *mokaddem*.

Le 19, la caravane se divise en deux parties, l'une comprenant le gros bagage marche directement sur Ouargla, tandis que l'autre appuie à l'est pour rejoindre la ligne de l'Oued-Igharghar. Nous traversons les jardins de Témacin par une série d'étroits sentiers où les chameaux, forcés de passer un par un, forment une colonne d'une longueur interminable. Tout le sol de l'oasis est couvert d'efflorescences salines. On quitte Témacin en gravissant une sorte de petite falaise qui semble entourer les jardins du côté S.-E. A partir de ce point, la route se déroule sur un plateau pierreux à grandes ondulations qui s'étend jusqu'à la sebkha d'El-Goug, cette dernière qui a plusieurs kilomètres de long est séparée en deux parties par un seuil sablonneux.

L'oasis s'étend sur les deux bords de la sebkha. Au sortir de celle-ci, se trouve une jolie source fort abondante, coulant au pied d'un mamelon gypseux qui est à gauche de la route que nous suivons. De ce point jusqu'à Bir-Bou Smah, où nous arrivons vers trois heures de l'après-midi, le terrain est sablonneux, fortement mamelonné et couvert d'une belle végétation. Entre les monticules de sable qui accidentent le pays, on voit souvent des parties planes, pierreuses, et couvertes de gros fragments de gypse. Il y a en ce point un puits dont l'eau serait bonne, si, par suite du manque de margelle, elle n'était viciée par la chute de toutes sortes de matières organiques en putréfaction. Cette journée a été des plus dures. La chaleur est tellement forte que l'on respire à peine et plusieurs d'entre nous se trouvent assez gravement indisposés.

Le lendemain, après une marche de six heures sur un sol analogue à celui de la veille, nous campons dans une sorte de dépression très-allongée, présentant l'apparence d'un lit de rivière dirigé du N.-N.-E. au S.-S.-E. Au dire de nos guides, cette dépression ferait partie de l'Oued-Igharghar. Au milieu se trouvent un puits et une petite *koubba*, le puits s'appelle le Bir Matmatt et contient de bonne eau.

Le 21, laissant la caravane marcher au S.-E. nous suivons, M. Béringer et moi, la dépression où nous avons campé la veille. Elle se termine à peu de distance à une sorte de seuil rocheux derrière lequel s'en ouvre une deuxième. Cette suite de cuvettes formerait-elle ce que les indigènes appellent l'Oued-Igharghar ?

Nous regagnons la caravane qui marche dans une grande plaine de sable rassi. Les Arabes appellent *nebka* cette sorte de sol. Vers midi, nous sommes au Hassi Ouled-Miloud où nous campons au pied d'une grande dune dite Erg Seyal que nous avons à notre droite.

Depuis Tougourt, nous avons constamment marché au S.-E., ce qui nous éloigne de la route directe de Ouargla ; aussi à partir du H. Ouled-Miloud, prenons-nous une direction S.-O. pour gagner l'oasis. A quelques kilomètres du puits, nous coupons transversalement une dépression allongée se terminant au nord à l'Erg Seyal et s'étendant vers le sud à perte de vue. Cette dépression que les indigènes disent être l'Oued-Igharghar a quelques centaines de mètres de large ; le fond est pierreux et ressemble au lit desséché d'une rivière. Un kilomètre plus loin, après avoir traversé la dune, nous marchons sur un sol sablonneux fortement ondulé, coupé par des *dhayas* nombreuses et profondes. Peu à peu le sol s'aplanit, les dhayas deviennent moins profondes et plus étendues. Elles prennent ici la dénomination de *sahan*. Nous ne tardons pas à arriver au point appelé Oussiah où se trouve un puits.

Le lendemain, nous reprenons notre marche au S.-O. à travers un fouillis de petites dunes qui entourent le puits de tous côtés. Plus loin, le pays change complétement d'aspect, ce sont de grandes ondulations de terrain solide couvert d'une croûte calcaire grise. Nous passons bientôt entre deux pitons fort rapprochés et pénétrons dans une grande cuvette dite Sahan El-Kelb dont les bords sauf vers l'ouest sont des talus à pentes raides, qui en relient le fond avec un plateau élevé de 20 mètres environ que nous gravissons bientôt.

Ce dernier est étroit, allongé du nord au sud et compris entre deux talus fortement ravinés. Vers l'est il fait un coude prononcé, enserrant une sorte de thalweg assez large dit Ouëd-Cidah. D'après les guides, cet oued rejoindrait l'Oued-Igharghar au H. Mégarin en prenant plus loin le nom d'Oued-el-Ezal. Nous quittons le plateau en suivant les sinuosités d'un des ravinements de son talus ouest et tombons dans une immense plaine à sol ferme qui s'étend à perte de vue de ce côté. Le terrain est composé de

Quatre mois dans le Sahara.

Vue de Tougourt prise du camp. (Page 2.)

(Page 6.)

gravier mêlé de sable, il a reçu des indigènes la dénomination de *reg*. Après cinq heures de marche dans cette immense plaine où il n'existe presque pas de végétation, nous renonçons à atteindre le H. Rebaia où nous devions camper aujourd'hui.

Le 24, nous reprenons notre marche à six heures du matin ; vers huit heures nous laissons à gauche à peu de distance le H. Rebaia. Ce puits présente la particularité d'avoir une margelle et une double potence comme les puits du Mzab. Jusqu'au H. Hoffrat-Chaouch où nous arrivons vers onze heures, l'aspect du pays est le même qu'hier. Le lendemain, après avoir traversé un fouillis de petites dunes couvertes de *drinn*, nous arrivons en face d'une ligne de hauteurs dont la plus importante, que nous devons traverser, s'appelle Gour Gendouz.

Vers neuf heures, après avoir passé un espace de sol dur calcaire où l'on voit beaucoup de fragments de silex blanc laiteux, nous nous engageons dans une sorte de gorge. C'est un vrai couloir fort étroit, enserré entre deux pentes abruptes ; il s'élargit peu à peu et aboutit quelques kilomètres plus loin dans une plaine de sol reg semblable à celle où nous avons marché si longtemps la veille. L'horizon est borné vers le sud par une ligne de grandes dunes derrière laquelle s'étend le chott où s'élève Ouargla. Il faut plus d'une heure pour traverser ces dunes où poussent de beaux *retem* couverts de fleurs en ce moment. Au sortir de la dune, on rencontre un petit groupe de palmiers au pied desquels, dit-on, on trouve l'eau à un mètre de profondeur. Le sable qui couvre le sol est mélangé de poussière calcaire blanche à laquelle celui-ci doit un éclat tout particulier qui éblouit et fatigue les yeux.

Nous laissons bientôt à notre gauche la koubba et le puits de Sidi-Khouilet entouré de quelques palmiers. Vers le sud, on aperçoit la masse du Djebel Krima, gara fort élevée qui se trouve à quelques kilomètres au sud de Ouargla. C'est seulement une heure et demie plus tard que nous commençons à apercevoir l'oasis elle-même, qui nous était cachée par une longue ligne de petites dunes. Au-devant de nous s'avance alors rapidement un peloton de cavaliers, bariolé de toute couleur, c'est l'agha Abd-el-Kader-ben-Ahmar entouré de tous ses caïds. Après les salutations d'usage, nos deux cavalcades se réunissent et nous nous acheminons vers Ouargla pendant que les cavaliers de l'agha se livrent à la *fantasia* la plus effrénée.

L'aspect du chott est unique. C'est une grande étendue de sable blanchâtre, limitée par une ligne de gour étrangement déchiquetées, un sol d'une nudité absolue reflétant comme un miroir cette longue bande de sombre verdure qui repose un peu l'œil ébloui, et, sur tout cela, cet étrange silence et cette immobilité que rompt seul de temps en temps le galop furieux de quelques cavaliers déchargeant leurs armes devant nous. Nous atteignons bientôt les premiers palmiers de l'oasis où notre cortège s'augmente de quelques musiciens qui nous précèdent en jouant de leurs affreux instruments, avec un entrain infatigable. Enfin, nous entrons dans le *ksar* par une porte basse où s'étale le nom du général Lacroix qui réprima d'une façon si sévère l'insurrection de 1872. Nous circulons alors dans ces rues étroites et tortueuses de Ouargla, où l'on a souvent juste assez de place pour passer, tandis qu'une foule d'hommes et d'enfants nous suit, passant entre les jambes de nos chevaux, et que les femmes risquent un œil curieux par l'entrebâillement des portes. Enfin nous voici au terme de cette promenade pittoresque; nous sommes sur la place de la kasbah où nos cavaliers, se voyant un peu d'espace, ne perdent pas une si belle occasion de faire encore parler la poudre. Ici un excellent déjeuner nous attendait, auquel les quelques dattes mangées ce matin ne font pas le moindre tort; cependant les chameaux ne tardent pas à arriver, et notre camp s'installe le long du mur sud de la kasbah. Nous devons rester ici plusieurs jours pour recruter notre caravane avant le départ définitif.

CHAPITRE II

ORGANISATION DE LA CARAVANE. — ROUISSAT. — LA RÉGION DES GOUR ET DES GANTARA. — LES GRANDES DUNES. — AIN-EL-TAIBA.

26 *février*. Nous avons eu l'agha et son beau-frère à déjeuner, piètre repas que nous leur offrons là, le peu de pain que nous avons encore se trouve moisi; quant au vin, il nous en reste à peine de quoi remplir deux bouteilles. Dans la journée, arrivent un grand nombre de *Chambaa* qui viennent se proposer comme guides ou *sokhrar* (chameliers). Se sachant nécessaires, ils demandent une rétribution exagérée et ne veulent s'engager qu'à la condition que nous passerons par la ville de Ghat. Quant aux chameaux, ils commencent à affluer de toutes les tribus; les achats sont faits par MM. Masson et Lechatelier assistés de l'agha et de la djemaa de Ouargla.

Toute la journée, le temps a été très-couvert, il est même tombé quelques gouttes d'eau et il fait presque froid. Pendant les trois derniers jours du mois, après bien des pourparlers, on parvient à recruter le personnel à des conditions acceptables. Les guides seront payés 4 fr. par jour et les sokhrar 2 fr. Il est fait à chacun une avance de deux mois de solde.

1er *mars*. Dans la nuit du 29 au 1er, nous sommes assaillis par un orage d'une violence extrême, le vent souffle en tempête et il tombe une pluie diluvienne accompagnée d'éclairs et de tonnerre. Dans l'après-midi, nous allons reconnaître le Djebel Krima qui se trouve à 10 kilomètres au sud de Ouargla. Cette *gara* se termine par un plateau calcaire, où l'on voit les ruines informes d'un village, qui a servi pendant longtemps de refuge aux Mozabites chassés de Ouargla. On y accédait par un sentier fort raide et une porte qui existe encore sur le flanc nord de la montagne. La seule chose remarquable que l'on y voit est un puits de 4 mètres de diamètre qui mesure actuellement 60 mètres environ de profondeur. La hauteur de la gara étant de 80 mètres et la couche d'eau se trouvant à quelques mètres au-dessous du sol de la plaine environnante, il est fort probable que ce puits mesurait primitivement près de 85 mètres. Notre retour s'effectue par la partie est du chott et l'oasis de Rouissat.

2 *mars*. Je vais avec M. Béringer faire une longue promenade dans la ville. Les rues sont étroites et

sauf la rue principale fort mal entretenues; le marché est vaste et bien approvisionné en toutes sortes d'objets. L'organisation des remparts est fort curieuse et rappelle parfaitement les enceintes des villes au moyen âge. Le mur est épais de façon à permettre l'établissement d'un chemin de ronde, sur lequel est élevé une murette percée de créneaux. De place en place, sont des tours carrées à deux étages de feux, qui flanquent le chemin de ronde ainsi que le fossé plein d'eau qui existe en avant de l'enceinte.

3 mars. L'organisation de la caravane touche à sa fin. Le lendemain, nous allons voir travailler les *R'tas* dans les jardins de l'oasis, ils curent un puits artésien de 32 mètres de profondeur dont l'eau est à la température de 22 degrés. Le temps de travail de l'un d'eux, qui passe pour le plus fort plongeur de la corporation, se décompose comme il suit : Descente 1′ 10″, travail au fond du puits 32″, avec 45″ pour remonter, cela fait un total de 2′ 33″. Il rapporte un petit panier de la contenance d'une dizaine de litres rempli de la boue à extraire du puits. Chaque opération leur est payée 0 fr. 25 et ils en font généralement quatre dans une journée; ils peuvent travailler dans des puits de 50 mètres de profondeur. La corporation ne compte guère que vingt membres dans l'oasis. En voyant combien est pénible ce métier et à quel mince résultat ils arrivent,

Quatre mois dans le Sahara.

Le T'dir de Tibabiti dans la vallée des Ighargharen. (Page 67.)

(Page 12.)

on se demande comment on ne s'attache pas plus à apprendre à ces malheureux les méthodes de sondage et de curage employées en Europe. Cela semble d'autant plus étrange, que d'après les renseignements donnés par plusieurs chefs arabes, les R'tas forment une classe intelligente et qui, malgré ce qui se dit généralement, ne demanderait pas mieux que de s'approprier nos moyens de travail.

5 *mars*. Les 200 chameaux achetés seront insuffisants pour tout charger, il est indispensable d'en porter le nombre à 250, tout en diminuant d'une façon notable la quantité d'orge à emporter pour nos montures. M. Lechatelier reste à Ouargla où il doit compléter la caravane et nous rejoindre dans quelques jours au H. Mjeïra. Nous quittons Ouargla vers deux heures de l'après-midi accompagnés de l'agha qui doit venir camper avec nous à Rouissat à 6 kilomètres au sud. Pendant que l'on établit le camp, nous allons visiter Aïn-Beïda et les oasis situées dans la partie est du chott.

Aïn-Beïda est un petit groupe de palmiers magnifiques, à l'ombre desquels sont quelques jardins bien cultivés, ils sont arrosés par une jolie source fort abondante. Quelques beaux figuiers marient agréablement leur feuillage sombre à la verdure un peu terne des palmiers qu'ils enlacent de leurs branchages tordus. De Aïn-Beïda à Hadjadja qui se trouve à quelques kilomètres au nord, on traverse une partie du chott couverte de petits monticules sablonneux, auxquels les dernières pluies ont donné une teinte sombre et terreuse, qui fait ressembler cette région à des terres nouvellement labourées. Hadjadja est entourée de beaux jardins, où poussent beaucoup de légumes, surtout des choux et des oignons. Le ksar présente un aspect tout particulier, les rues sont couvertes et ressemblent parfaitement à des galeries de mines.

Pour regagner Rouissat en laissant la petite oasis du Chott à droite, nous traversons la partie la plus remarquable de la sebkha de Ouargla. L'aspect en est étrange, on croirait voir une large étendue d'eau incomplètement prise sous l'action du froid, et recouverte sur les parties solides d'un sable terreux d'une teinte lugubre; de place en place, apparaît la croûte de sel, blanchâtre et tourmentée, enserrant le sentier large à peine de deux pieds, qui serpente entre des flaques d'une eau claire et immobile dont la teinte sombre fait penser aux abîmes sans fond des légendes arabes.

Le sol résonne sous le pied des chevaux qui éraille la croûte salée et c'est avec une certaine satisfaction qu'on laisse derrière soi ce terrain bizarre et cet étroit sentier qu'il faut suivre avec le plus grand soin. Vers six heures, nous étions rentrés au camp établi sous les palmiers clair=semés de Rouissat. Il n'y a ni jardin ni culture autour du ksar, qui est établi sur un monticule de sable ferme. C'est une vraie forteresse carrée et entourée d'un mur élevé percé d'une seule porte.

6 *mars*. Nous quittons Rouissat à six heures du matin ; la route suit le chott pendant quelques kilomètres, puis en gravit les berges, peu élevées de ce côté, après avoir traversé le lit de l'Oued-Mya. C'est là que l'agha nous quitte et ce n'est pas sans quelque tristesse que nous nous séparons de cet excellent homme, qui nous a rendu tant et de si grands services. Le pays est monotone au possible et d'une platitude désespérante, on ne voit à l'horizon que la masse du Djebel Krima au S.-O. et sa voisine la Gara Kriem qui présente les contours d'une tente ; vers le nord, se montre un instant une ligne de gour découpées en pain de sucre, qui semblent se balancer au-dessus d'une nappe d'eau. Le sol est couvert tantôt d'une croûte calcaire blanchâtre complétement nue, tantôt de sable rassi où poussent une foule de plantes : L'*alenda*, le *drinn*, le *dhomran*, etc. Vers midi et demi, nous passons entre deux gour appelées Gour Terfaya et venons camper dans la plaine qu'elles comprennent, à quelques 100 mètres du Bir Terfaya, qui se trouve à moitié comblé par le sable. La végétation est fort belle dans cette plaine

où l'on voit quelques buissons de tamarix (Tarfa).

7 *mars*. A sept heures nous quittons le B. Terfaya marchant au sud sur la coupure que l'on voit entre deux lignes de gour bornant la plaine de ce côté. C'est une sorte de col, dit Teniet-El-Zmeila, au delà duquel est une grande dépression entourée de tous côtés, sauf vers le S.-O., par des gour assez élevées. La partie basse est encombrée de sables dont l'ensemble forme une dune assez considérable : l'Erg Zmeila. La dépression elle-même porte le nom d'Oued-Zmeila et se prolonge vers le S.-O. sous le nom d'Haich bou Rouba.

Après avoir traversé l'Oued-Zmeila, la caravane s'engage dans une suite de gorges à fond calcaire où se rencontrent beaucoup de petit silex et de fragments d'œufs d'autruche. Vers onze heures, après avoir coupé un oued sans nom qui semble s'étendre fort-loin vers le N.-E., nous traversons la Gantara Smihri, sorte de plateau étroit et allongé, de l'autre côté duquel, après une descente assez difficile par des ravins tortueux et raides, nous tombons dans la grande plaine dite Oued-Smihri. Ce nom lui vient d'une plante appelée *smihri* qui se rencontre en abondance dans toute cette région. Quelques kilomètres plus loin, nous campons à peu de distance du H. Smihri, puits de mauvaise eau. Le temps, fort couvert depuis le matin et assez froid, tourne à la

Quatre mois dans le Sahara.

Les gour Terfaya vues du Bir Terfaya. (Page 15.)

(Page 16.)

pluie, qui tombe avec violence toute la journée et la nuit, aussi resterons-nous ici demain.

Le 8, je gravis l'Erg-Smihri qui est à quelques kilomètres S.-E. du camp, pour voir le pays environnant de ce côté. Du haut de cette dune, qui domine le camp d'environ 40 mètres, le terrain paraît peu mouvementé vers l'E. et l'on pourrait peut-être trouver un passage facile de ce côté. MM. Béringer et Roche, qui ont poussé une pointe dans la direction opposée, ont pu reconnaître l'existence de passages de l'autre côté.

Le lendemain, nous quittons notre camp à sept heures, marchant au sud un peu est. Nous cheminons dans une suite de fonds séparés par des gantara peu élevées. Le sol est de nature calcaire, assez siliceux parfois. En quelques points, il est couvert de *nebka* avec belle végétation de *retem* et *drinn*. Vers onze heures, nous sommes dans la large dépression où se trouve le H. Mjeïra. La plaine où nous campons est entourée de tous côtés par des gour fortement découpées, sauf vers le N.-E. où existe une large brèche. Dans l'après-midi, M. Béringer et moi gravissons l'Erg Mjeïra, que l'on voit au S.-E. du camp. De son sommet, on se rend très-bien compte que la topographie du pays ne va pas tarder à changer, en marchant vers le sud ; tandis qu'au nord, à l'est et à l'ouest, on ne voit que gour et gantara, le sol semble s'aplanir vers le sud et la vue n'est arrêtée que par une série de dunes, qui se pressent à l'horizon. En revenant au camp, nous trouvons sur le sable une racine d'*alenda* qui mesure plus de 15 mètres de longueur. M. Lechatelier arrive le 10 au matin.

Après midi M. Béringer et le docteur vont visiter la région au sud du camp et se relient avec la reconnaissance poussée du H. Smihri. Il semble y avoir un passage facile de ce côté en laissant le H. Mjeïra à l'est.

Le 11, accompagné d'un de nos guides, je me suis dirigé sur le H. bou Nemel en passant par la coupure qui s'ouvre au nord-est du camp. Ce passage se continue de ce côté par l'Oued-Mjeïra et l'Oued-bou-Nemel qui sont parfaitement praticables dans la partie reconnue. Ces oued sont bordés de gantara peu élevées. Le sol est couvert de nebka presque partout. La végétation y est remarquablement vigoureuse. J'ai poussé ma reconnaissance jusqu'au H. bou Nemel-el-Djedida, puits d'excellente eau. De ce point on voit s'ouvrir vers le nord une garnde dépression qui s'étend à perte de vue de ce côté, elle porte le nom d'oued bou Nemel et se continue plus loin par l'Oued-Lefaya. Vers l'est, s'ouvre une gorge étroite par laquelle on peut facilement gagner le H. el Mokhanza que M. Duveyrier placerait un peu trop au sud sur sa carte. Le H. bou Nemel est à 12 kilomètres environ du H. Mjeïra.

12 mars. A partir de H. Mjeïra, que nous quittons vers six heures, la route traverse une suite de gantara séparées par des houdh profonds. Vers dix heures, laissant la caravane marcher au sud, nous prenons à l'ouest, M. Béringer, le docteur et moi. Après avoir passé près de deux puits sans eau nommés H. el Melah, nous traversons une série de houdh que séparent des cols assez bas, le premier appelé houdh el Tarfa renferme plusieurs beaux buissons de tamarix. Ces dépressions sont encombrées de sable et la végétation y est fort belle, tandis que les parties élevées sont complétement dénudées. Vers midi, au moment où nous obliquons à l'est pour rejoindre la caravane, le terrain change d'aspect, c'est une sorte de plaine à grandes ondulations peu prononcées et coupée parfois par des ravinements tortueux. Le sol est dur, couvert de fragments de grès calcaire et presque dénué de végétation. Vers deux heures et demie, nous campons à quelques kilomètres à l'est du H. Djéribia.

13 mars. Comme hier, MM. Roche, Béringer et moi appuyons à l'ouest, marchant sur le H. Djéribia où nous sommes vers sept heures. Il y a là deux puits ensablés jusqu'au ras du sol. Pendant quelques kilomètres, nous marchons dans une dépression allongée qui se nomme Oued-Djéribia. Le sol y est de nature calcaire. On y rencontre toutefois beaucoup de fragments de grès. En sortant de l'Oued-Djéribia, nous traversons une plaine semée de petites dunes allongées, dont la grande dimension est constamment dirigée N.-S. magnétique. Toute cette région est parcourue par un grand nombre de gazelles dont les traces se croisent en tous sens. Nous campons vers une heure et demie au pied d'une chaîne de petites dunes dite Selass-el Dhanoun ; le *dhanoun* est une plante bulbeuse dont la sommité ressemble à la pointe d'une énorme asperge. Quand ce végétal est jeune, le bulbe est comestible. Il se trouve en grande quantité dans toute cette région.

Le 14, nous parcourons une grande plaine coupée par des lignes de dunes parallèles, dont la hauteur moyenne ne dépasse guère 15 mètres. Un peu après midi, nous sommes dans une grande plaine à sol de sable ferme sans la moindre ondulation ; elle se nomme le Feidj Dhomran et semble fermée au sud et à l'est par une ligne de dunes de faible élévation. Vers le S.-S. E. on aperçoit une grande dune isolée, le Ghourd bou-Kheloula qui paraît fort élevé. Le lendemain, nous marchons, MM. Roche, Béringer et moi, sur le ghourd que la ligne suivie par la caravane laisse un peu à l'est. Du sommet de la dune, qui domine la plaine de 80 mètres environ, on jouit d'une belle vue, bien que l'air soit un peu troublé par le sable que soulève un assez fort vent.

Du Ghourd se détachent au N.-O. et au N.-E. deux lignes de petites dunes qui barrent le feidj Dhomran. La première s'appelle le Selass el-Ezal. Au delà de la deuxième se voit un large couloir complétement découvert à perte de vue. Vers le sud, c'est un fouillis de dunes, grandes et petites, sans intervalles visibles entre elles, et vers l'est un feidj dit Feidj Terba. Nous regagnons ce dernier en marchant vers l'ouest. Au sortir de la dune, le sol est meuble, les chevaux s'y enfoncent, mettant au jour une terre blanche comme la neige que les indigènes appellent *terba*. Plus loin, le feidj reprend son aspect ordinaire jusqu'à la dune que nous atteignons vers midi. Quelques kilomètres plus loin, nous trouvons le camp établi au pied d'une grande dune : le Gh. Toumiet, à côté duquel, dans une dépression peu profonde, on trouve la terba en grande quantité. Ce point s'appelle Teniet El-Oudje. On apporte à M. Roche plusieurs échantillons de terba ; c'est une argile très-blanche, mais sablonneuse et peu plastique, qui ne rappelle que de très-loin la véritable terre à foulon bien qu'elle serve aux mêmes usages.

Le 16 mars, nous quittons Teniet El-Oudje à six heures et marchons sur Aïn-el-Taïba où nous devons arriver avant midi, d'après les renseignements de nos guides. Pendant quelques kilomètres, nous cheminons sur un sol de sable ferme, peu mouvementé ; puis nous entrons dans une sorte de gorge sinueuse coupée de temps en temps par les contreforts des dunes élevées qui la bordent. Aussi est-on forcé de faire bien des détours pour éviter les passages trop dangereux pour les chameaux ; toutefois, nous n'y avons pas rencontré les difficultés qui ont rendu si pénible la marche d'Ismaïl Bou-Derba dans ces parages. Il aurait d'ailleurs abordé la grande dune par un passage situé plus à l'est. Les dunes qui bordent notre route sont fort élevées, quelques-unes ont un relief de plus de 100 mètres.

Vers onze heures, nous sommes à Aïn-el-Taïba, c'est une sorte d'élargissement du défilé, où se trouvent deux entonnoirs dont l'un, le seul qui contienne de l'eau, a 20 mètres de profondeur environ et 200 mètres de diamètre ; au fond se voit une mare d'eau verdâtre, entourée d'une ceinture épaisse de grands roseaux. Sur les flancs de l'entonnoir poussent quelques palmiers.

Du côté est existe une sorte de large berme qui permet d'approcher de la mare ; l'eau de cette dernière est imbuvable, elle est excessivement salée et de plus rendue infecte par la chute d'une foule de matières organiques en décomposition. Il arrive souvent que des chameaux trop pressés de boire se sont approchés de l'eau sans précaution ; le sol étant très-mouvant contre la mare, ces animaux s'y sont noyés ne pouvant reprendre pied sur des rives qui s'éboulent continuellement. Pour avoir de l'eau potable, on creuse le sol sur le bord jusqu'au niveau de la couche d'eau qui alimente la mare. Ces puisards ne tardent pas à se remplir d'une eau limpide et d'excellente qualité. Pour avoir moins à creuser, on pratique ces puits sur le talus qui existe entre la berme et le niveau de l'eau, aussi est-il nécessaire de détruire la ceinture de roseaux qui encombre cet espace, ce que l'on fait en y mettant le feu. En un instant, toute cette forêt s'embrase et l'entonnoir se transforme pour quelques heures en une fournaise des plus bruyantes, qui le fait ressembler de loin à un cratère en éruption. Les roseaux éclatent avec fracas, une fumée noire mêlée à de longues flammes sort de la grande cavité, et ce n'est qu'après cette opération que l'on peut faire boire les chameaux qui attendent d'un air résigné sur le bord. Cet incendie chasse de leur refuge quelques bécassines qui vont en attendre à peu de distance la fin.

Le deuxième entonnoir est moins profond et moins large, il est comblé en partie par le sable et ne contient pas d'eau. Tous deux sont bordés vers le haut par un enrochement calcaire qui occupe la moitié environ du pourtour. Cette sorte de falaise, de 2 mètres de haut, montre en coupe la couche superficielle du sol. Les deux entonnoirs ont dû se former par suite d'un éboulement des couches supérieures à la couche aquifère, qui s'est trouvée ainsi mise à nu en ce point.

17 mars. Nous devons rester ici deux jours pour faire boire les chameaux qui sont privés d'eau depuis le 11, donner du repos à tout notre monde et faire provision d'eau. Vers dix heures nous observons un halo solaire fort remarquable ; le soir, il nous arrive un courrier de Ouargla qui sera bien probablement le dernier. Pendant l'après-midi, M. Roche et moi faisons le sondage de la mare d'Aïn-el-Taïba et en levons les dimensions. Elle a 100 mètres de diamètre environ au niveau de la berme, qui domine celui de l'eau de $6^m,50$, sa profondeur est d'un peu plus de 5 mètres.

Essayée au densimètre, cette eau donne une teneur en sels de 13 à 14 grammes par litre. Celle des puisards contient à peine 1 gramme. Cette grande différence provient probablement de la concentration des rayons solaires sur les parois de l'entonnoir, ce qui produit au fond de ce dernier une évaporation violente des eaux de la mare. Quant aux propriétés nitrificatrices de cette eau, elles sont si faibles qu'il est impossible de les constater ; Bou-Derba qui en parle dans sa relation de

Quatre mois dans le Sahara.

L'Erg Djéribia, grande dune isolée (80 m.), près de H. Djéribia. (Page 19.)

(Page 24.)

voyage est passé à Aïn-el-Taïba en été, à une époque où cette eau devait être bien plus concentrée qu'en ce moment, ce qui a dû rendre pour lui cette particularité plus frappante.

CHAPITRE III

L'ERG. — LE GASSI. — EL-BYOD. — L'OUED-IGHARGHAR. — TEMASSININ.

Le 18 mars, en allant visiter le deuxième entonnoir, j'ai trouvé un silex taillé en forme de pointe de flèche, ainsi qu'un fragment de spath calcaire dont la présence en cet endroit semble quelque peu extraordinaire. Le soir, l'air étant très-calme, on voit se former au-dessus de l'entonnoir un brouillard épais d'une odeur fétide, qui doit rendre le séjour en cet endroit fort malsain. Nous quittons Aïn-el-Taïba le 19 pour marcher au sud. Au bout d'un kilomètre environ nous entrons dans une sorte de vallée dite Feidj Alenda, où cette dernière plante se rencontre en grande quantité ainsi qu'un arbuste épineux appelé *hâdh*.

Vers onze heures, nous franchissons une série de rides sablonneuses peu élevées et laissant à gauche une grande dune, nous tombons dans un large feidj qui, dit-on, se prolonge fort loin vers le nord. Ce passage, dit Feidj Beïda, a environ 2 kilomètres de large au point où nous l'abordons, il est bordé de dunes fort élevées et s'étend à perte de vue au sud. Le sol est plan, de la nature appelée *gassi* par les Arabes. C'est un terrain dur, de nature calcaire, sans sable ni gravier. Il est souvent recouvert de fragments siliceux et de silex de toute couleur. Nous campons vers trois heures contre la dune, qui forme le bord droit du feidj, là seulement se trouve assez de végétation pour nourrir nos chameaux. M. Roche fait pratiquer un trou assez profond pour se rendre compte de la nature du sous-sol : c'est un conglomérat de grès calcaire blanc, tellement dur que le pic en a à peine raison.

20 *mars*. Toute la matinée, nous marchons dans le feidj où nous avons campé la veille, lequel se rétrécit peu à peu. Vers onze heures, nous traversons une série de contre-forts des dunes qui se rejoignent en ce point. Vers une heure nous débouchons dans un large passage bordé de hautes dunes et à sol *gassi*. Une demi-heure plus tard nous campons le long du bord droit de ce feidj qui commence, dit-on, un peu à l'est du Gh. bou Kheloula et traverse le massif des grandes dunes du nord au sud presque sans obstacle.

Toute la journée, le vent souffle avec violence du S.-E. soulevant le sable en nuages tellement épais, que l'on distingue à peine les grandes dunes que nous avons en face de nous à moins de 5 kilomètres. L'horizon prend une teinte grise et terne toute particulière et le soleil disparaît comme par un temps de brouillard.

21 *mars*. De six heures du matin à deux heures de l'après-midi, nous suivons la ligne de dunes contre laquelle nous avons campé la veille. Le passage où nous marchons s'élargit peu à peu, et, comme le vent souffle toujours violemment, on distingue à peine le bord est. Le terrain est toujours le même. On voit de temps en temps de petites cuvettes remplies de sable où pousse en touffes serrés le *neci*, petite graminée dont les chevaux et les chameaux sont très-friands. En dehors de ces endroits, on ne voit guère sur le gassi que quelques touffes de *hâdh* et de *ghessel*, plante que nous voyons pour la première fois. Tout le long de la ligne que nous suivons, on trouve des sortes de sentiers battus appelés *medjbed*, qui ont été produits par le passsage de nombreux chameaux, au temps où cette route était fréquentée par les caravanes. On a tué pendant cette étape deux serpents appelés *zoreïl*, qui sont doués, au dire des Arabes, d'une force de projection telle, qu'ils peuvent blesser grièvement les animaux qu'ils attaquent par le seul fait de se lancer sur eux. Ce reptile a environ $0^m,25$ de longueur et à peine

$0^m,01$ de diamètre; la tête est courte, se raccordant bien avec le corps comme celle de la couleuvre, la robe est fauve clair tigrée de noir vif; bien qu'il passe pour très-venimeux, sa mâchoire est dépourvue de crochets. Les scorpions sont fort communs dans cette région et beaucoup de nos sokhrar sont piqués par ces animaux, leur piqûre soignée même tardivement n'a jamais amené d'accidents susceptibles d'empêcher ces hommes de travailler.

22 mars. Nous quittons notre campement à six heures et suivons toujours le medjbed; à quelques kilomètres du camp ce sentier disparaît quelques instants sous les derniers contre-forts d'une dune isolée de 30 mètres de haut environ, que les chambaa disent être de formation récente. Des indigènes, vivant encore actuellement, ont vu le sol complétement découvert en cet endroit; deux heures plus tard, nous gagnons le bord est du feidj et passons entre lui et une grande dune qui en est séparée par une sorte de col appelé Teniet El-Beugra, où l'on traverse quelques rides sablonneuses peu élevées. Au sortir de ce passage, nous avons devant nous deux feidj dont l'un se dirige au S.-O. et l'autre au S.-S.-E. Nous campons vers deux heures le long du bord gauche de ce dernier.

23 mars. De six heures du matin à deux heures

du soir, nous suivons la ligne de dunes qui limite le passage vers l'est, le bord opposé oblique vers l'ouest et disparaît peu à peu dans le lointain. En établissant notre camp, nous faisons fuir une petite troupe d'antilopes *orix* ; elles sont fauves, basses sur pattes et portent des cornes très-aiguës en forme de lyre, elles détalent à un galop assez lent qu'un cheval suivrait facilement au grand trot.

24 *mars*. Nous devons arriver aujourd'hui à El Byod et malgré ce que dit Bou-Derba de la mauvaise qualité de son eau, chacun se met en route avec une certaine satisfaction. Partis à six heures, nous suivons la même ligne de dunes qu'hier ; vers dix heures, nous franchissons quelques petits siouf reliant deux massifs assez élevés entre lesquels nous passons, et pénétrons dans un petit feidj où le sol est quelque peu mouvementé et change complétement d'aspect. C'est un terrain pierreux, couvert de fragments de grès noir présentant l'apparence de certains minerais de fer. Ils atteignent parfois des dimensions considérables et forment des amas rocheux d'un aspect étrange. Le sol est mamelonné, crevassé par places et l'on croirait que ces amas de pierres noirâtres et comme calcinées sont le résultat d'une éruption volcanique.

Quelques kilomètres plus loin, nous appuyons à l'est pour entrer dans le massif des dunes qui bordent le feidj de ce côté. Pendant une heure, nous circulons en zigzag dans ces dunes, suivant presque les horizontales du terrain ; la végétation y est d'une fraîcheur remarquable, le *drinn* vert y pousse en grosses touffes, couronnées de beaux épis de grain, que nos montures happent au passage. Enfin vers douze heures, nous sommes devant un grand espace dégarni de sable, qu'il nous reste à franchir avant d'arriver à El-Byod qui se trouve à 10 kilomètres environ S.-S.-E. Pendant 6 kilomètres, nous marchons sur un sol couvert de gros fragments calcaires, formant une couche profondément disloquée ; de place en place, le terrain raviné laisse voir sous cette couche un banc de marne bleuâtre ou blanche. On voit parfois dans les blocs calcaires, des veines de carbonate de chaux spathique. Tout cet ensemble, défoncé, tourmenté, d'une teinte uniformément grise présente un aspect d'une aridité désolante. Vers deux heures, nous descendons du plateau qui se termine brusquement suivant une ligne N.-S., et traversons un bas-fond couvert de sable légèrement mamelonné où pousse une fort belle végétation. A peu de distance, nous franchissons une petite sebkha et laissons à quelques kilomètres au nord la grande sebkha El-Byod, qui apparaît blanche, comme si elle était couverte de neige. Une heure après, nous atteignons la ligne de dunes qui borde ces bas-fonds vers l'est et venons camper auprès des puisards ensablés qui font d'El-Byod un point d'arrêt obligé.

L'endroit où l'on campe le plus communément est une sorte de dépression à fond de sable ferme. De forme elliptique, ayant une centaine de mètres de long sur 30 à 40 de large, cet espace est situé au pied d'un talus de sable très-raide qui regarde le sud ; il est couvert dans sa partie basse de touffes épaisses d'une plante à larges feuilles lancéolées, vert tendre, qui est une solanée. Les indigènes la nomment *falezlez* et la font passer pour très-vénéneuse. L'eau se trouve à 0^m,60 ou 0^m,70 sous le sol, on creuse des cavités de place en place et l'on ne tarde pas à les voir se remplir d'une eau légèrement saumâtre, mais limpide et abondante. Toute la région pierreuse que l'on traverse avant d'arriver à El-Byod abonde en vipères à cornes. On en a tué plusieurs, deux présentent un aspect des plus remarquables, le fond de la robe est bleu cendré, sur ce fond se détachent des taches jaune clair présentant une moucheture noir vif au centre. La plus grande mesurait 0^m,80 de longueur et 0^m,03 de diamètre moyen. Leur morsure serait beaucoup plus dangereuse que celle du céraste ordinaire dont la peau est d'une teinte fauve terne rayée de bandes gris poussiéreux.

Nous devons séjourner ici deux jours, il faut, en

effet, creuser plusieurs puisards pour faire boire nos chameaux qui sont privés d'eau depuis Aïn-el-Taïba, nettoyer nos tonneaux et les remplir pour aller jusqu'à Temassinin. Aussi, tout le monde se met-il de suite à l'ouvrage ; les uns à l'eau, les autres aux réparations de toutes sortes que réclame notre matériel. Les bâts, les selles, les cantines ont tous quelque accroc, et les sokhrar ainsi que nos ouvriers ont fort à faire pour remettre tout en état.

L'eau d'El-Byod donne au densimètre une teneur en sels très-variable suivant les puisards où on la prend et surtout suivant le temps écoulé depuis le moment où ils ont été creusés. La moins chargée contient $2^{gr},05$ par litre et la plus chargée un peu plus de 4 grammes. Comme la plupart des puits dont nous nous servons ont été creusés le 24, l'eau qu'ils donnent le 25 est beaucoup plus salée que la veille et même assez amère. Cela tient bien probablement à la concentration qui se produit sous l'action de la chaleur solaire. D'ailleurs, cette eau cuit fort mal les légumes et donne à tous les aliments, surtout au café, une saveur des plus désagréables. Elle est douée de propriétés laxatives très-énergiques et produit son effet sur les animaux comme sur les hommes.

Dans la nuit du 15 au 16, les sokhrar de garde mettent tout le monde sur pied, parce qu'ils ont cru entendre je ne sais quel bruit inquiétant ; c'est une véritable alerte, chacun saute sur ses armes et ceux de nos Arabes qui n'ont pas de fusils commencent à ouvrir les ballots contenant les armes de réserve. Peu à peu, tout cet émoi se calme et le camp reprend la tranquillité dont il est sorti un peu trop vite. Dans la journée du 26, nous allons reconnaître les plantations de palmiers qui sont signalées par Bou-Derba dans cette région. Il y en a deux, fort rapprochées du campement, elles comprennent chacune une dizaine de pieds et sont situées dans des fonds absolument semblables à celui où nous sommes installés.

27 mars. Nous quittons El-Byod à six heures pour marcher au sud et traversons le massif des dunes qui s'étend de ce côté sur 3 ou 4 kilomètres ; on rencontre de place en place de petits fonds de sebkha. Vers huit heures, nous sortons des dunes d'El-Byod, laissant à droite un petit groupe de palmiers, planté à côté d'une dune, qui recouvre à moitié un banc calcaire épais. Plus loin, du même côté, ce dernier sort complétement du sable et forme une sorte de gara blanchâtre qui s'avance dans une grande sebkha où nous entrons en ce moment. Deux kilomètres plus loin, nous tournons brusquement à l'est pour suivre à peu de distance la ligne de dunes qui limite le massif de l'Erg au sud. Nous circulons jusque vers dix heures au milieu d'une foule de monticules sablonneux portant chacun un

Quatre mois dans le Sahara.

Aïn-el-Taïba : la source vue de l'ouest. (Page 23.)

(Page 34.)

buisson de tamarix. Entre ces monticules, de 3 à 4 mètres de haut, le sol est sablonneux et recouvert d'une croûte blanchâtre formée de sable agrégé par le sel, qui craque et se brise sous les pieds de nos montures. Cette grande plaine, blanche comme une prairie couverte de givre, parsemée de buissons informes perchés sur ces monticules escarpés, qui se détachent en noir, présente un aspect étrange des plus frappants.

En sortant de la sebkha, le terrain change d'aspect, il devient caillouteux, le sable disparaît complétement et la végétation se borne à quelques belles touffes de *dhomran*. Peu à peu ces dernières disparaissent elles-mêmes et nous marchons sur un sol pierreux, couvert de gros fragments de grès et de calcaire, parmi lesquels on voit souvent du carbonate de chaux cristallisé. Nous longeons une ligne de gour de 15 à 20 mètres de relief, qui borne la vue au nord ; vers le sud le pays est légèrement ondulé, raviné par places et rien n'arrête le regard. Vers onze heures, nous entrons dans une sorte de gorge qui se rétrécit peu à peu jusqu'à n'avoir plus, trois km. plus loin, que 150 à 200 mètres de large. C'est un vrai ravin à fond sablonneux, encombré parfois de roches et où pousse une fort belle végétation de *dhomran*, *retem* et *coloquintes*. Les berges de ce ravin sont élevées de 5 à 6 mètres et fort raides.

Vers midi, dans un élargissement, se trouve contre le flanc gauche un petit r'dir où il y a encore un peu d'eau. Cette dernière est habitée par une foule de petits animaux d'une forme bizarre dont les uns sont pisciformes, de consistance gélatineuse et se déplacent rapidement au moyen de cils vibratils placés à la partie dorsale. Les autres ont l'air de véritables crustacés : la partie antérieure est cornée, munie d'un très-grand nombre de pattes et de deux barbes longues et très-mobiles. La partie postérieure est allongée, annelée et terminée par deux appendices très-déliés. Nous campons vers une heure et demie dans le fond du ravin. La pente de ce dernier se dirige sur El-Byod ainsi que celle de tout un système de ravins situé au nord de notre route. Par moment ils doivent avoir un débit assez considérable, car les détritus charriés par l'eau, qui se sont accumulés au pied des buissons de *retem*, y forment des amas de près de un mètre de haut. On a pris en cet endroit deux gros lézards appelés *dhob*; l'un est couleur sable, l'autre bleu ardoise tacheté de blanc sale ; ils ont de 0^m,50 à 0^m,60 de longueur et sont munis d'une queue très-forte taillée en crémaillère. La tête est large et rappelle comme forme celle du caméléon.

28 *mars*. A trois kilomètres du camp d'hier, nous laissons sur la gauche un ravin qui se jette dans

celui où nous marchons. Au confluent se trouve un R'dir contenant 0ᵐ 20 d'excellente eau. On en profite pour remplir quelques tonneaux, dont le contenu remplacera avec avantage l'eau prise à El-Byod, car celle-ci est arrivée à un degré de salure et d'amertume qui la rend presque imbuvable. Vers sept heures, le ravin détache un affluent vers le sud et tourne brusquement à l'est, son lit est encombré de roches de toute dimension qui rendent la marche très-difficile. Une heure après nous en gravissons le bord droit et montons sur un plateau pierreux sans aucune végétation qui s'étend à perte de vue vers le sud; du côté opposé, il est coupé par le ravin que nous venons de quitter et s'étend au delà sur quelques kilomètres, jusqu'à une ligne de gour peu élevée qui le limite au nord. Ce plateau a reçu le nom de Tanesrouft-Sghira. Après avoir traversé plusieurs ravinements qui vont tous aboutir au grand ravin que nous avons quitté, nous arrivons vers dix heures et demie sur la crête d'escarpements fortement découpés qui forment les berges de l'Oued-Igharghar.

On descend dans le lit de l'oued par un sentier étroit, pratiqué au milieu de roches énormes et qui est des plus difficiles pour les chameaux. Au point où on l'aborde, l'oued fait un coude brusque ; venant du sud, il tourne à l'est et ne reprend la direction nord que 10 kilomètres plus loin environ. Du côté du sud, on aperçoit, grandis par la réfraction, quelques arbres que nos guides disent être des gommiers, les berges sont très-élevées du côté du nord et beaucoup moins de l'autre côté, mais plus escarpées. Le lit de l'oued est sablonneux et couvert d'efflorescences salines, il présente contre le flanc nord un ravinement profond qui semble se continuer fort loin vers l'est : on trouve beaucoup de coquilles de l'époque quaternaire, *cardium* et *turritelles*, parfois aussi se voient des débris laviques de couleur ardoise ou brune.

Nous suivons pendant une heure le lit de l'oued que nous traversons obliquement et gravissons vers midi la berge sud dans une sorte d'enfoncement où la pente est relativement douce. Nous débouchons alors sur un plateau pierreux, couvert de gros fragments de calcaire gris, présentant l'aspect d'un dallage que quelque soulèvement du sol aurait disloqué. Nulle végétation ne vient rompre la monotonie de ces amas rocheux qui affectent les formes les plus étranges. On dirait parfois de gigantesques ossements brûlés par le soleil, et la vue de ce paysage d'une désolation lugubre, auquel le jour faux d'un soleil de sirocco donne une teinte blafarde, produit une impression de tristesse difficile à rendre. Toutes ces roches basculent sous les pieds et rendent la marche pénible pour tous, ce n'est qu'au bout d'une heure et demie que nous laissons derrière nous cet affreux plateau, pour descendre par une pente assez douce dans une grande dépression sablonneuse limitée au nord et à l'ouest par une ligne continue d'escarpements élevés.

Le sol est friable, couvert par place d'efflorescences salines et craque sous les pieds comme de la neige gelée. Les gour qui entourent cette dépression sont formées de couches superposées de calcaire et de marne bleuâtre. A peu de distance du point où nous sommes descendus, nous laissons sur notre gauche un piton aigu, élevé de 30 mètres environ, il est entièrement composé d'argile verdâtre dont les contours bizarres à arêtes accusées rappellent parfaitement les formes d'une dune. Vers deux heures et demie nous campons au pied d'une ligne de petites dunes de sable blanchâtre où pousse quelque maigre végétation. Toute la journée, il souffle du S.-O. avec violence un vent chaud, qui, soulevant le sable en nuages épais, a rendu cette étape des plus pénibles. Le soir, le vent tourne à l'ouest puis se fixe vers sept heures à l'O.-N.-O. en diminuant un peu de force et tombe brusquement vers dix heures.

29 mars. Nous traversons les petites dunes contre lesquelles nous avons campé, elles se raccordent du côté sud avec une ligne d'escarpements peu élevés qui s'abaisse graduellement et que nous franchissons bientôt pour monter sur un plateau pierreux, parsemé de cuvettes sablonneuses où poussent quelques touffes de *dhomran* et de *seffar*. Vers dix heures la caravane s'engage dans une sorte de ravin tortueux à parois escarpées, qui nous amène, au bout d'un kilomètre, dans une dépression à fond sablonneux. Celle-ci est bordée au nord par une ligne continue d'escarpements élevés et du côté opposé par des dunes de hauteur moyenne, dont les extrêmes ondulations viennent mourir au pied des escarpements. Ceux-ci, dont le relief augmente au fur et à mesure que l'on avance vers l'est, sont formés de bancs superposés de marne bleuâtre ou rouge et de gypse. Ce dernier est souvent en veines minces composées d'aiguilles accolées, qui forment un réseau continu dont les mailles se détachant sur les fonds verdâtres de la marne présentent un aspect des plus curieux. Vers deux heures, nous appuyons légèrement au sud et nous nous éloignons des escarpements qui atteignent en ce point une élévation de plus de 60 mètres ; le sol devient terreux et se couvre de monticules sablonneux où poussent souvent des buissons de tamarix. Vers trois heures et demi, après avoir traversé une ligne peu épaisse de dunes, nous contournons les jardins de Temassinin et passant entre eux et le bordj, nous allons camper à proximité, du côté est.

Les jardins de Temassinin forment un rectangle de 200 mètres sur 100 mètres, ils contiennent environ cent cinquante palmiers à l'ombre desquels poussent quelques figuiers, de l'orge, du blé, et quelques carrés de légumes. Ils sont arrosés par un puits artésien donnant une eau excellente en quantité assez faible ; ce puits mesure 12 mètres de profondeur, a une section de 1 mètre carré et se trouve en fort mauvais état. La *saguia* qui arrose les jardins est bordée de grands roseaux dont les longues tiges, mêlées au feuillage des figuiers et des palmiers, forment un fouillis de verdure des plus agréables à voir; sur la lisière des jardins et du côté du camp, on voit la koubba de Sidi-Moussa, le fondateur de Temassinin; c'est un bâtiment peu élevé, de forme pyramidale à arêtes courbes, auprès duquel sont de petits réduits bas, dont l'un qui est un peu plus considérable se trouve denteIé sur tout son pourtour supérieur. Au nord et à proximité des jardins, est le bordj ; c'est un carré de 100 mètres de côté, bâti en tôb et muni de deux tours d'angle du côté est. Il est habité par un nègre, sa femme et trois enfants. Cet homme garde la koubba de Sidi-Moussa et cultive les jardins dont une partie des récoltes est pour lui.

Cette famille nous accueille avec une joie assez franche que nous partageons largement. Comme toute honnête caravane doit le faire en passant ici, nous faisons cadeau d'un chameau à la zaouïa et de quelques menus objets à la femme et aux enfants du gardien, qui nous apporte en revanche des légumes frais et quelques brassées de fourrage vert sur lesquels nos montures se jettent avec avidité. A cinq ou six kilomètres à l'est, existe un puits ascendant, où vont boire les chameaux. C'est de ce côté d'ailleurs, que se trouvent les pâturages. MM. Roche et Béringer rentrent fort tard après avoir reconnu la ligne de gour que nous avions au nord le matin ; ils ont trouvé des ostréa et des débris d'*ammonites et d'oursins,* du terrain crétacé : les dépressions que l'on traverse avant d'arriver à Temassinin contiennent des fossiles quaternaires et des débris laviques. Aussi est-il à penser que ces dépressions sont des ramifications de l'Oued-Igharghar, qui se diviserait de ce côté en plusieurs branches.

30 *mars.* Nous comptions trouver quelques campements touareg aux environs de Temassinin, malheureusement il n'y en a pas d'après les renseignements du gardien de la zaouïa, et nous sommes obligés de nous laisser conduire par nos guides chambaa qui refusent plus que jamais de s'écarter de la route de Ghat. On envoie en avant l'un d'eux nommé Sghir qui est marié avec la fille d'un des cheick de la tribu des Ifoghas. Pendant l'après-midi,

Quatre mois dans le Sahara.

El Byod : vue prise au sortir du massif de l'Erg. (Page 34.)

(Page 42.)

plusieurs de nous vont reconnaitre la ligne de hauteurs située au nord ; elle a un relief moyen de 80 mètres et est surmontée de gour élevées découpées en escaliers. Un peu avant le coucher du soleil, je gravis les hauteurs sablonneuses qui sont au sud du camp ; l'air est d'une pureté remarquable en ce moment et l'on distingue la ligne des gour avec une netteté extraordinaire. Au premier plan sont de grandes dunes dont les pentes raides tournées vers l'est sont fortement estompées ; elles cachent la partie gauche des gour, mais laissent bien à découvert la portion située à l'est, qui forme un fond des plus remarquables ; leurs formes sont d'une régularité parfaite qui montre combien a dû être lente et constante la cause qui les a formées. Ce sont des surfaces coniques, se terminant à la partie supérieure par une table à bords escarpés. Quant à la couleur de cette étrange falaise qui semble quelque toile de fond inventée à plaisir, c'est un fouillis de tons violacés, mêlé de rouge, de vert et de blanc, qui produit un effet des plus frappants et dont rien ne peut donner une idée. Le puits où sont allés boire les chameaux est peu profond, le niveau de l'eau se trouve à 1^m,50 en contre-bas du sol environnant. Il y a une cinquantaine de palmiers contre ce puits ainsi que quelques restes d'habitations en *tôb*. La végétation, presque nulle sur les dunes qui entourent Temassinin, est assez vivace de ce côté, on y voit beaucoup de tamarix. Il y a aussi des gommiers aux environs car on nous en a rapporté quelques graines.

CHAPITRE IV

ENCORE DANS LES DUNES. — LE KHANFOUSA. — LA VALLÉE DES IGHARGHAREN. — TEBALBALET. — LES PREMIERS TOUAREG. — AIN-EL-HADJADJ.

1er *avril*. A six heures nous quittons Temassinin pour marcher au sud ; nous traversons quelques petites dunes dont les ondulations sont perpendiculaires à notre route. Quelques kilomètres plus loin, le terrain s'aplanit et nous marchons sur un sol de sable ferme formant une sorte de feidj large de sept à huit kilomètres, et bordé de dunes assez élevées. La végétation est assez abondante et se compose uniquement de graminées. Vers onze heures, le sable disparaît et fait place à un sol pierreux, couvert parfois de bancs de marne calcaire blanche disposés en escaliers. Quittant la caravane, M. Béringer, le docteur et moi gravissons une des grandes dunes qui sont à l'ouest, pour tâcher de distinguer le pays de l'autre côté de ce massif de sable. Nous dominons de 50 à 60 mètres le camp qui s'établit sous nos pieds. De tous côtés, on ne voit que des dunes élevées arrêtant les regards dans tous les sens. Dans la nuit du 1er au 2 le vent se lève brusquement de l'O.-S.-O. et devient en peu d'instants très-violent, il est très-chaud et d'une sécheresse extrême.

2 avril. Nous quittons le camp du 1er à six heures et prenons au S.-S.-E. suivant le flanc droit du large feidj qui s'étend à perte de vue dans cette direction. L'aspect du terrain est très-variable, c'est tantôt la marne calcaire que nous avons vue hier, tantôt un sol de sable rougeâtre couvert de fragments parfois considérables de grès ferrugineux, parmi lesquels se trouvent quelques silex taillés en forme de pointes de flèche. Vers neuf heures, nous obliquons au sud et laissant à l'est le feidj où nous marchons depuis le matin, nous nous engageons dans la dune qui le borde de ce côté; pendant 7 à 8 kilomètres, nous traversons une série d'ondulations élevées dont les pentes raides se trouvent du côté sud.

On trouve fréquemment dans cette région des tubes fermés d'un côté, de section elliptique et formés par du sable aggloméré ; ils se terminent par une calotte ellipsoïdale et ont une épaisseur très-faible, un demi-millimètre environ. Bien que rien de précis n'ait été observé à leur égard, il est probable que ce sont les restes de logements pratiqués dans le sable par de grandes araignées qui se voient assez fréquemment. Vers onze heures nous descendons par un talus doux dans une grande dépression sablonneuse où le *seffar* forme de véritables prairies, une heure après nous campons au pied d'une grande dune qui domine le sol environnant de plus de 100 mètres. De son sommet on voit à 12 ou 15 kilomètres dans le sud une montagne noire appelée Khanfousa, au pied de laquelle nous devons passer demain.

Vers six heures, le vent, qui soufflait faiblement du N.-N.-O., prend soudainement une violence extrême dont rien ne peut donner une idée. En quelques instants, nos tentes sont renversées pour la plupart et ce n'est qu'en nous cramponnant tous à la toile de celle où nous sommes réunis en ce moment, que nous pouvons la maintenir debout. Une pluie diluvienne mêlée de grêle ne tarde pas à tomber, inondant tout ce que le vent a mis à découvert, bien qu'elle ne dure que fort peu de temps. Après cette pluie le vent diminue un peu de force, mais ne tombe complétement que vers minuit.

3 avril. Malgré l'ouragan d'hier, nous sommes en route à six heures et demie, le temps est couvert et la température fort basse. Le pays est le même qu'hier, sablonneux et parfois assez mouvementé. Vers dix heures, nous sommes au pied du Khanfousa, montagne de grès, qui annonce un changement complet dans la nature géologique du sol. Prenant mon cheval en main, j'en gravis la pente ouest ; après trois quarts d'heure d'une ascension assez pénible, j'atteins le sommet de la montagne qui domine la plaine de 220 mètres environ. Le grès qui la compose est à grain très-fin, sa surface extérieure est noircie par le soleil, tandis que l'intérieur est gris, légèrement teinté de rouge. Il est parfois recouvert d'une couche mince d'hématite et renferme aussi mais rarement des géodes de quartz hyalin en petits cristaux. Je descends de la montagne en suivant un ravin qui se dirige vers le sud; c'est un boyau tortueux à fond de sable et à parois très-escarpées, formées de bancs de grès découpés en blocs prismatiques à arêtes verticales. Dans ce ravin, se trouvent plusieurs jolis gommiers ; j'y rencontre un mouflon qui disparait dans les roches formant les berges avec une agilité prodigieuse. Dans les parties les moins raides de la montagne se trouvent souvent des sentiers d'un pied de large qui sont pratiqués par ces animaux. Vers midi, je rejoins la caravane qui a contourné le Khanfousa et qui chemine dans une large plaine de sable. Deux kilomètres plus loin nous rentrons dans la dune où nous campons vers une heure. Dans toute cette région, on trouve souvent des débris de poterie et des traces de toutes sortes de campements plus ou moins anciens.

4 *avril*. Nous nous mettons en marche vers six heures suivant une direction sud un peu est. Pendant trois kilomètres, nous cheminons à travers un fouillis de petites dunes comprenant des fonds pierreux couverts de gros fragments de grès. Vers six heures, après avoir franchi une dernière ride sablonneuse, nous nous trouvons en face d'une grande vallée à fond plat bordée à l'ouest de hautes montagnes et à l'est de dunes de hauteur moyenne. C'est la vallée des Ighargharen que nous devons suivre pendant longtemps. Le sol est tantôt pierreux, tantôt argileux dans les parties basses qui sont sillonnées de thalwegs couverts de belle végétation ; *drinn, ezal* en touffes énormes, dominés par de beaux gommiers que l'on dirait plantés régulièrement le long de ces lignes d'eau.

Vers huit heures, nous passons à côté d'une cavité peu profonde à moitié remplie de sable et contenant un peu d'eau ; c'est une source nommée Touskirin; on voit à proximité des traces de campement, un petit palmier et de nombreuses touffes de cette solanée si abondante à El-Byod et qui semble particulière aux endroits où l'eau se trouve à peu de profondeur. A peu de distance de la source, on remarque quelques sépultures musulmanes. Vers neuf heures, laissant mon cheval à la garde d'un sokhrar, je me dirige, en suivant un ravinement, sur un col qui sépare deux crêtes élevées dans le S.-O. Une heure après je suis au sommet du col qui domine le fond de la vallée de 40 mètres environ ; de ce col jusqu'au point culminant qui le domine d'environ 145 mètres, c'est un chaos d'énormes roches de grès amoncelées; de ce sommet, on jouit de la vue la plus complète sur le pays environnant.

Vers l'est est une large vallée qui rejoint vers le sud celle où chemine la caravane, de nombreux ravins descendant de hauteurs basses qui se dessinent comme un plan relief de ce côté vont rejoindre un grand thalweg qui occupe le fond de cette vallée. Derrière les hauteurs, on aperçoit de grandes dunes qui arrêtent le regard à l'est. Au sud s'ouvre la grande vallée principale bordée de hautes montagnes, enfin à l'ouest on voit un fouillis de dunes comprenant des fonds pierreux allongés qui se détachent en noir sur la teinte fauve et uniforme du sable. Le fond de la vallée se couvre de plus en plus de végétation, qui forme comme une prairie, d'où sortent de place en place de nombreux gommiers donnant à toute cette région un aspect des plus séduisants, après tant de jours passés dans le désert de sable et de pierre que nous avons parcouru depuis Ouargla. Vers onze heures, je reprenais possession de ma monture et rejoignais rapidement la caravane au puits de Tébal-balet où s'établissait le camp.

Ce puits a 4 à 5 mètres de profondeur, 2 mètres de diamètre et est complétement revêtu en moellons de grès ; il donne une eau excellente en assez grande quantité. Auprès du puits poussent quelques palmiers et un magnifique gommier qui ne mesure pas moins de 8 mètres de haut et 2 mètres de tour. On voit en ce point quelques restes de construction en tôb indiquant qu'il y a eu là jadis quelques habitants sédentaires. Sur le penchant de la montagne au nord du camp, on aperçoit une pierre levée et un monument assez remarquable, probablement un tombeau dont les indigènes ne connaissent pas l'origine ; ce sont deux sortes de tumuli de forme conique formés de pierres amoncelées sur 2 à 3 mètres de hauteur et entourés de deux cercles concentriques bien réguliers composés de blocage.

5 *avril*. Le puits se trouvant épuisé le 4, on n'a pu faire boire tous les chameaux, aussi ne le quittons-nous qu'à sept heures. La caravane oblique vers l'est pour rejoindre la dune que nos guides veulent suivre je ne sais pour quelle raison, car les pâturages sont bien plus abondants le long du thalweg de la vallée. M. Roche et moi nous dirigeons sur les montagnes qui se trouvent au sud ; on voit de ce côté une sorte de col qui nous permettra peut-être d'atteindre la crête la plus élevée. Vers dix heures nous commençons à gravir les premières pentes en

suivant un des nombreux sentiers tracés par les mouflons avec tant de régularité ; ces animaux choisissent les pentes les moins raides, passent par les cols, évitent les escarpements, et l'on peut s'engager sur leur piste en toute sécurité. Après une heure d'une ascension assez rude, ayant perdu de vue la caravane, nous renonçons à atteindre la crête qui est encore fort loin ; nous descendons alors dans un grand ravin dont les berges verticales s'élèvent de plus en plus à mesure que nous avançons ; la marche y est des plus difficiles, c'est un amoncellement continu de roches énormes qu'il nous faut contourner ou franchir en tirant et soutenant nos malheureux chevaux qui marchent, en rechignant. Les berges à pic ont de 12 à 15 mètres de haut, formant un couloir étroit dont il faut suivre les détours sans nombre. Ce n'est que deux heures après que nous débouchons dans la vallée, et que nous pouvons nous mettre à la recherche des traces de la caravane qui a dû passer du côté opposé. Vers trois heures nous sommes sur la ligne suivie par le convoi et une heure après nous prenons possession de notre tente avec une bien grande satisfaction. En face du point où nous sommes campés s'ouvre vers le sud une large vallée dite Oued-Maston, bordée de montagnes élevées, surtout du côté ouest, où l'on voit un pic d'une grande hauteur qui se trouve à 35 kilomètres dans le sud. Pendant cette étape

Quatre mois dans le Sahara.

T'massinin : vue des jardins prise du sud. (Page 43.)

(Page 52.)

on a recueilli plusieurs chameaux errants sans gardien que nos Chambaa disent appartenir aux Touareg.

6 avril. Nous partons à six heures marchant au S.-E. en nous écartant un peu des dunes. Le sol est solide, formé de petits cailloux mêlés de sable où les larges pieds des chameaux marquent à peine ; c'est le terrain que les indigènes appellent reg. Vers huit heures, nous voyons arriver rapidement vers nous deux cavaliers à mehari venant du sud ; ce sont deux nobles de la tribu des Ifoghas, soi-disant à la recherche des chameaux qui nous suivent depuis la veille. Les Chambaa se livrent aux plus grandes protestations d'amitié vis-à-vis d'eux et ce n'est que lorsque chacun leur a adressé quelques paroles que le chef de la mission peut enfin engager la conversation avec le plus important de ces deux hommes qui ont mis pied à terre. Le targui ne s'avance guère, il est très-froid, parle peu ou fait des réponses banales et ne tarde pas à reprendre place sur son mehari. Ces deux Touareg sont habillés d'un pantalon de cotonnade bleu foncé descendant à mi-jambe et d'une blouse de même étoffe serrée à la taille, une pièce d'étoffe blanche croisée sur la poitrine est placée sous des bretelles en cuir rouge supportant une large cartouchière. La coiffure est une chéchia qu'entoure une pièce de cotonnade foncée qui se rabat sur le front, laissant un faible intervalle entre elle et le voile noir qui couvre tout le bas de la figure. Comme armes, ils portent le poignard de bras et la lance en fer à pointe barbelée ; celui qui paraît le plus important a un fusil double pendu à la selle de son chameau, ainsi qu'un revolver à percussion centrale. Ces deux hommes se joignent à la caravane, après avoir bien recommandé qu'on ne les approchât point avec les chevaux, car leurs mehara qui ne sont point habitués à voir ces animaux en ont une terreur profonde.

Vers dix heures, le sol se mamelonne légèrement, nous traversons une série de ravinements qui tous vont rejoindre le principal thalweg que nous coupons vers onze heures ; en ce point les gommiers sont très-abondants et forment une sorte de petit bois ; la vallée se resserre beaucoup de façon à n'avoir bientôt plus que quelques kilomètres de large. Jusqu'à Aïn el Hadjadj que nous atteignons vers une heure et demie, nous suivons presque constamment le thalweg qui est encombré par une végétation des plus vigoureuses. Le *drinn* y forme des massifs considérables mêlés à des buissons d'une crucifère épineuse appelée *chebreb*, on voit aussi fréquemment la coloquinte couvrant le sol de ses feuilles découpées et de ses fruits jaunâtres. Nous campons à 300 mètres au nord du puits qui se trouve sur les dernières pentes de la montagne ; celle-ci détache en cet endroit un contre-fort dont le pied arrive à 1 kilomètre et demi des dunes qui bordent la vallée au nord. Le puits est comblé par le sable presque jusqu'au ras du sol, c'est une excavation de 2^m,50 de diamètre complétement revêtue en pierres sèches comme le puits de Tébalbalet. Il faudra le creuser profondément pour avoir de l'eau. Les Touareg nous assurent qu'en allant vers le S.-O. on trouve à 12 ou 15 kilomètres un r'dir contenant de l'eau en assez grande quantité.

7 avril. Bien que nos sokhrar aient travaillé toute la journée à creuser le puits, on n'y trouve que de la boue et du sable ; nous sommes toujours réduits à boire l'eau de nos tonneaux qui commence à devenir infecte. Le temps est horriblement lourd, il vient du N.-N.-O. des bouffées de vent brûlant. La chaleur est très-forte et rend tout travail fort difficile ; le soir le puits donne un peu d'eau, cependant il faut mener les chameaux boire au r'dir que nous ont signalé les Touareg. Au moment où le soleil se couche, la température est encore fort élevée, il n'y a pas un souffle d'air et nous sommes assaillis par des nuées d'insectes : araignées, charançons et mites de toutes sortes et de toutes dimensions se précipitent en foule partout où il y a de la lumière et rendent le séjour sous la tente impossible ; c'est un bruit continu d'animaux volant en tous sens, s'insinuant partout et éteignant les lumières. Dans l'obscurité ce petit monde ailé s'abat sur tout et l'on ne peut rien toucher sans rencontrer quelque animal sous la main. Aussi je quitte ma tente en désespoir de cause et vais rejoindre dehors la plupart d'entre nous qui ont déjà pris ce parti. L'air est d'une sécheresse extraordinaire et l'on peut constater facilement des phénomènes électriques remarquables. La crinière des chevaux frottée légèrement apparait lumineuse, deux effets de laine séparés brusquement l'un de l'autre échangent des étincelles qui pétillent. Enfin si l'on approche le dos de la main de la toile des tentes, on sent parfaitement se hérisser les poils qui le couvrent.

8 *avril*. M. Lechatelier, le docteur et moi allons chasser vers l'ouest où il y a, paraît-il, quelque gibier dans les espaces couverts de verdure que l'on voit de ce côté ; la végétation est remarquablement vigoureuse, le *drinn* surtout y atteint une taille extraordinaire et forme des fourrés impénétrables. Le *chebreb*, les coloquintes et les gommiers y poussent avec vigueur dans un sol sablonneux raviné par les eaux, qui doivent couler en abondance par les grandes pluies dans cet espace, les ravinements circulent entre les touffes de verdure qui forment autant d'îlots. Les traces de gazelles et d'onagres se

croisent en tous sens et par moment se lèvent de nombreuses compagnies de gros pigeons à pattes rouges. Vers neuf heures, quittant ces taillis, je gravis un petit col qui domine de 60 mètres la vallée qu'elle met en communication avec un vallon allongé qui lui est parallèle. Au premier abord on croirait voir dans ce dernier un petit bassin fermé, mais en suivant la crête qui le sépare de la vallée principale pendant 1 kilomètre environ, on se trouve en face d'une étroite coupure qui livre passage aux eaux que les pentes de la montagne déversent dans le vallon. Cette disposition de petits bassins ayant une communication étranglée avec les vallées principales se retrouve fréquemment dans ces montagnes ; vers dix heures je regagnai rapidement le camp, car la chaleur devenait étouffante et rendait la marche fort pénible.

MM. Béringer et Roche qui sont allés reconnaitre la montagne vers le S.-O. rentrent à trois heures après une ascension des plus fatigantes ; ils ont pu lever une certaine portion du plateau qui forme la partie supérieure du massif des montagnes. Le soir, les insectes qui nous ont assaillis la veille reparaissent, sortant on ne sait d'où et recommencent à tourbillonner avec un bruit d'ailes et d'élytres froissées qui finit par agacer d'une façon désespérante. Vers onze heures le vent se lève de l'O. et prend en quelques instants une grande force, faisant disparaître comme par enchantement les innombrables animaux qui, par deux fois, ont mis notre patience à une si rude épreuve. Il est vrai que le vent fait payer bien cher ce service en nous inondant de sable brûlant et en secouant nos tentes d'une façon alarmante; vers minuit tout se calme et l'on pourrait reposer si le thermomètre ne s'obstinait à rester au-dessus de 30°.

9 avril. Vers midi le vent qui soufflait faiblement de l'est dans la matinée devient d'une extrême violence en passant à l'O., soulevant des nuages de sable qui rendent tout travail impossible. L'air est excessivement sec et ma tente tellement chargée d'électricité que le cordon d'un lorgnon placé sur une table à quarante centimètres de la toile se trouve attiré par cette dernière malgré le vent. La température est fort élevée, 40° environ, et le baromètre indique une baisse assez considérable. Le soir on tire des étincelles peu brillantes de la toile des tentes en approchant la main à $0^m,05$ de cette dernière; si on la frotte fortement avec la tête, on en fait jaillir en présentant le doigt, des gerbes de $0^m,20$ de longueur qui s'épanouissent en filaments très-déliés sur la surface de la toile.

10 avril. Dans la matinée, M. Béringer et moi gravissons le contre-fort qui se trouve au sud du camp ; le baromètre accuse une différence de niveau de 340 mètres entre le camp et le point le plus élevé que nous atteignons. Malgré l'élévation de ce point, on ne distingue rien aux environs tellement l'air est chargé de sable soulevé par le coup de vent d'hier. Aussi nous dépêchons-nous de rentrer car la chaleur devient très-forte. A 1 kilomètre au sud du camp dans la partie basse d'un ravinement assez large, se voient de beaux tamarix entourant un espace sablonneux où il y a de nombreuses traces d'un campement assez considérable. Le soir, je tue dans ma tente trois énormes araignées de couleur rouge brique claire qui ont élu domicile dans le chapeau et se promènent sur la toile juste au-dessus de mon lit. Les Chambaa l'appellent scorpion de sable et la disent fort venimeuse. A force de creuser le puits qui a maintenant plus de 4 mètres de profondeur, on est arrivé à faire la provision d'eau, aussi quitterons-nous Aïn-el-Hadjadj demain.

CHAPITRE V

L'OUED-SAMON. — DÉPUTATION DES TRIBUS AZGUER — TIBABITI. — MENGHOUGH. — DIFFICULTÉS. — RETOUR.

11 *avril*. Ce long séjour a eu une influence malheureuse sur l'esprit des sokhrar qui se jalousent et se disputent quand ils n'ont rien à faire. Aussi le chargement des bagages se fait-il tant bien que mal au milieu de cris et de querelles. A six heures et demie nous quittons Aïn-el-Hadjadj avec une certaine satisfaction, car nous y avons eu une foule d'ennuis de toutes sortes. Le temps est couvert, l'atmosphère est tellement chargée de sable que l'on distingue à peine les montagnes que nous avons à quelques kilomètres au sud. Nous nous en éloignons d'ailleurs peu à peu pour nous engager bientôt dans un fouillis de petites dunes comprenant des fonds argileux, sortes de cuvettes où l'eau s'amasse en temps de pluie. Au bout de deux heures de marche, nous sortons des dunes et retrouvons le sol pierreux que l'on voit avant d'arriver à Aïn-el-Hadjadj. Les petites dunes que nous venons de traverser sont de formation récente et n'existaient pas il y a une vingtaine d'années, au dire d'un de nos guides, Ben-Eddin, qui a fait cette route à cette époque. Vers une heure, nous sommes dans un véritable bois où l'*ezal* domine, ces arbustes y atteignent une assez grande taille, le sol est argileux et profondément raviné par les eaux qui ont dû séjourner longtemps en certains points, où sont des cuvettes assez profondes qui gardent encore des traces d'humidité. Le soir, le vent tourne au nord et il tombe quelques gouttes d'eau, ce qui rafraîchit la température d'une façon sensible. Enfin nous pouvons passer une bonne nuit!

12 avril. Nous nous mettons en route à six heures à travers une foule de monticules sablonneux où poussent quantité de plantes et d'arbustes en massifs épais. Au sud de notre route on voit de place en place quelques bouquets de grands tamarix, qui doivent pousser le long d'un thalweg occupant la partie basse de la vallée. De ce côté s'ouvre l'Oued-Samon, qui permet de passer facilement de la vallée des Ighargharen dans la plaine d'Amadghor. Il faut deux heures pour traverser cet oued à son confluent avec la vallée principale, il se rétrécit beaucoup, dit-on, en allant vers le sud. A peu de distance de ce point, la vallée des Ighargharen s'étrangle beaucoup et il n'y a plus guère qu'un kilomètre entre les hauteurs qui forment son flanc gauche et les grandes dunes qui la limitent au nord ; un de nos guides, Saïa, qui a fait plusieurs fois le voyage de Ghat, assure qu'à la suite de grandes pluies, le courant est si violent en cet endroit, qu'il emporte toutes les petites dunes où nous circulons depuis ce matin.

Au fur et à mesure que nous avançons vers l'ouest la végétation devient de plus en plus belle ; c'est une foule de plantes où tous les tons se rencontrent depuis le vert crû et foncé de l'*arfeg* couvert de petites fleurs jaune d'or, jusqu'à la teinte terne et bleuâtre du *chebreb* portant ses fleurettes violacées ; de beaux massifs de tamarix mesurant jusqu'à 10 mètres de hauteur dominent toute cette verdure où nos chevaux disparaissent jusqu'au poitrail. A quelque distance, nous nous rapprochons du bord sud de la vallée qui s'élargit peu à peu ; la montagne est fort découpée et détache de nombreux contre-forts allongés laissant entre eux des vallons profonds ; vers le sud on aperçoit un piton élevé qui semble être fort éloigné. Vers midi, après avoir franchi plusieurs croupes rocheuses où se voient beaucoup de tombeaux formés d'enceintes circulaires ou rectangulaires en pierre sèche, nous rencontrons un sol argileux couvert par places d'un épais tapis de trèfle à fleurs jaunes formant de magnifiques pâturages.

Quelques moutons et chèvres y paissent tranquillement, surveillés par un berger targui poussant devant lui deux petits ânes pareils à ceux que l'on voit en si grand nombre en Algérie. Cet homme a pour tout vêtement une sorte de *gandoura* sans manches en cuir souple et est sans armes. Vers douze heures et demie, après avoir laissé sur notre droite un bois de grands gommiers, nous campons à côté d'un beau tamarix à l'ombre duquel nous attendons que le camp soit établi. Dans l'après-midi plusieurs Touareg, dont une femme, viennent nous rendre visite, conduits par le berger de ce matin ; ils sont vêtus de la même façon, mais sont armés de lances et de sabres. Ils viennent d'un campement établi à quelques kilomètres dans le sud à proximité d'un r'dir où il y aurait encore de l'eau ; la femme targuia a apporté une provision de viande d'antilope boucanée qu'elle nous vend fort cher. C'est d'ailleurs une nourriture détestable, d'une odeur nauséabonde et dont le goût rappelle celui d'une viande avariée. Sur la foi des renseignements donnés par les Touareg, nous envoyons presque tous nos chevaux boire au r'dir qu'ils nous ont indiqué.

Vers cinq heures apparaît dans l'est une troupe nombreuse de cavaliers à mehari, qui s'avancent vers notre camp. Aussitôt grand remue-ménage parmi notre personnel indigène ; chacun cherche au fond de son sac, quelque haïck blanc, quelque burnous à peu près neuf, et s'en revêt avec rapidité. Nos quatre cavaliers montent à cheval et accompagnés de Si-Abd-el-Kader le marabout des *Tedjina* et de Mohammed-ben-Mansour le plus noble de nos Chambaa, montés tous deux sur les chevaux du colonel, s'avancent au-devant des Touareg qui se sont arrêtés à quelque distance du camp, pour réparer le désordre de leur toilette de façon à se présenter dignement. Cette coutume, qui existe déjà en Algérie, parmi les nomades surtout, est observée avec soin par les Chambaa et les Touareg qui y attachent une grande importance. Une heure se passe, et Si-Abd-el-Kader vient nous prévenir que nos visiteurs sont présentables ; nous nous portons en corps à leur rencontre. Les Touareg sont rangés en deux groupes : à gauche le *cheïck* et quelques nobles de la tribu des Ifoghas et à droite un groupe moins nombreux des Mogasaten. Ces hommes sont habillés comme celui que nous avons rencontré avant Aïn-el-Hadjadj ; ils portent tous le pantalon et la blouse de cotonnade bleue ou rouge et sont armés de la lance, du poignard de bras et du sabre à deux mains ; la plupart portent un fusil double pendu à la selle de leur mehari ainsi que le bouclier en cuir d'antilope. Leurs chameaux sont fort fins de forme, plus petits que ceux des

Quatre mois dans le Sahara

Tebalbalet : vue de la vallée des Ighargharen. (Page 51.)

(Page 64.)

Chambaa et ont l'air plus vif et plus intelligent. Au milieu des Ifoghas est un Arabe qui porte la parole pour le *cheïck* à côté duquel il est placé et dont il est le *mokaddem*. Cet homme nous souhaite la bienvenue et nous assure que nous pouvons parcourir le pays en toute sécurité. Le colonel répond par un petit discours qui obtient de tout le groupe des signes nombreux de satisfaction, la même cérémonie se passe avec les Mogasaten et nous allons reprendre notre dîner interrompu par la venue de ces visiteurs.

Nos guides, nos sokhrar se mêlent alors aux Touareg qui ont mis pied à terre en partie et forment des groupes où s'engagent des conversations animées. Ces chameaux aux formes fines, ces hommes aux allures dégagées couverts de costumes aux couleurs sombres ou vives et mêlés aux Arabes dans leurs burnous blancs, forment un ensemble des plus pittoresques. Le soleil, éclairant cette scène de ses derniers rayons, se couche derrière les dunes, qui forment avec quelques beaux massifs de tamarix, plus rapprochés, un fond plein de tons chauds et sombres, qui complètent admirablement le tableau. Cependant on dresse une tente pour les nouveaux arrivés et on leur sert une diffa de couscouss au chameau, comme cela est la mode en ce pays où l'hospitalité se pratique à l'envers de ce qui se fait ailleurs. Le soir et presque toute la nuit, le camp est en liesse et nous faisons les plus beaux plans pour l'avenir. Pendant tout cela, nos chevaux rentrent après avoir fait une course inutile de près de 20 kilomètres ; il n'y a plus d'eau dans le r'dir qui, cette fois, justifie bien son nom.

13 avril. Nous quittons le camp du 12 à six heures, accompagnés de la plupart des Touareg qui sont venus à notre rencontre hier ; quelques-uns ont repris la route de leurs campements pendant la nuit. Il fait très-froid ce matin et nous n'avons pas été peu surpris en constatant un minimum de 2° pour la nuit dernière. Nous laissons à notre droite une large vallée, l'Oued-Djéran, qui venant du sud descend des dernières pentes du mont Eseli, massif élevé qui se trouve à une journée de marche de ce côté. Il faut deux heures environ pour traverser cette vallée à son confluent avec la vallée principale. De l'autre côté de l'Oued-Djéran la montagne détache un contre-fort allongé qui rejoint presque la ligne de dunes bordant la vallée des Ighargharen au nord ; nous le traversons par un col bas dit Col de Tidat ; de ce point on aperçoit vers le nord, au milieu des dunes, deux pitons rocheux qui paraissent avoir une assez grande élévation, on les nomme Timeris.

De l'autre côté du col la vallée se resserre beaucoup, aussi est-elle profondément ravinée et affouillée par les eaux qui doivent s'y accumuler en grandes quantités en temps de pluie, quelques cavités argileuses en contiennent encore un peu en ce moment. La végétation est luxuriante ; c'est un fouillis de plantes de toutes sortes où le *chebreb* domine ; les tamarix y sont nombreux et de grandes dimensions, et le sol disparaît sous un épais tapis de verdure formé de trèfle et d'un crucifère à fleurs jaune pâle et à feuilles découpées qui répand une odeur fade et désagréable ; nos sokhrar la disent comestible et la recueillent en passant. En quelques endroits apparaissent une plante odoriférante ressemblant à l'armoise et une liliacée à feuilles longues et déliées portant de longues grappes de fleurs violettes, qui la font ressembler à une jacinthe en miniature. Vers dix heures nous campons à côté d'un r'dir ayant une centaine de mètres de large ; il est entouré d'énormes tamarix qui l'encadrent admirablement ; cet endroit s'appelle Tibabiti. On trouve dans l'eau du r'dir, les mêmes animaux que ceux que nous avons vus dans la mare rencontrée entre El-Byod et Temassinin.

L'après-midi, je fais une longue promenade aux environs du camp, la vallée est fort belle en ce point, on circule facilement entre les massifs de verdure, sur des sortes d'allées d'argile tracées par les eaux et parfaitement planes ; quelques oiseaux font entendre un joli chant rappelant celui de la fauvette, pendant qu'une sorte de sauterelle lance son petit cri si semblable à celui du grillon de France qu'en fermant les yeux, on se croirait là-bas en pleine campagne par un beau jour d'été. Il y a quantité de traces d'animaux de toutes sortes, d'onagres et d'antilopes et même d'autruches; le soir grande distribution de cadeaux aux Touareg qui nous quittent pour la plupart.

Nous séjournons le 14 à Tibabiti et reprenons notre marche le 15 à six heures ; la vallée s'élargit peu à peu et la végétation disparaît sauf sur les bords d'un large thalweg qui serpente dans la vallée et qui prend ici le nom d'Oued Tidjoudjelt ; il est bordé de tamarix poussant sur des berges sablonneuses peu élevées couvertes de drinn. Du point où nous traversons l'oued pour la première fois vers sept heures et demie, on suit très-bien son cours de l'œil; venant du nord il fait un brusque crochet vers le sud un peu plus loin et nous ne tardons pas à le traverser une deuxième fois. Vers neuf heures la vallée s'étrangle brusquement. Les hauteurs que nous avons au sud détachent un éperon rocheux dont l'extrémité disparaît sous une grande dune, qui laisse juste la largeur du thalweg entre elle et une autre dune fort élevée qui se détache du massif de sable bordant la vallée au nord. En ce point, le lit de l'Oued-Tidjoudjelt est profondément raviné, il est enserré entre deux berges à pic de près de 6 mètres de haut et encombré par des massifs de grands tamarix. On y rencontre de place en place des excavations profondes remplies d'eau. A l'ombre des grands arbres poussent une foule de plantes parmi lesquelles on remarque des *dhanoun*, dont les tiges, de plus de 1 mètre de hauteur, sont couvertes de belles fleurs, en forme de casque, jaunes panachées de pourpre foncé. Toute cette végétation est animée par la présence d'oiseaux de toutes sortes, parmi lesquels domine le pigeon ramier en bandes nombreuses. A partir de ce point, nous suivons à peu de distance la rive gauche de l'Oued-Tidjoudjelt toujours couvert de tamarix et après avoir traversé plusieurs éperons rocheux qui se détachent du bord sud de la vallée, nous venons camper vers onze heures dans une vraie prairie de trèfle à 1 kil. environ au sud de l'oued. Dans la dernière partie de l'étape, on voit fréquemment dans les endroits pierreux une foule de tombeaux touareg n'offrant d'ailleurs rien de particulier. On a tué près du camp deux oiseaux de l'espèce des échassiers ressemblant comme forme au butor ; leur plumage est blanc sauf le dos qui est lie de vin et la tête gris clair. Ils se perchent dans les tamarix qui bordent l'oued. Dans l'après-midi le baromètre indique une baisse considérable, le ciel se couvre, le vent se lève avec force et il tombe quelques gouttes d'eau ; le point où nous sommes campés se nomme Tehentelemoun.

16 avril. Nous reprenons notre marche un peu avant six heures, la vallée est couverte d'une forte brume qui présente l'apparence d'un brouillard sec ; on ne voit pas à plus de 1 kilomètre. Le sol est couvert d'une herbe épaisse ; graminée vert foncé à feuilles larges et aiguës dans laquelle on entend rappeler des cailles. Vers sept heures je me lance à la poursuite d'une troupe d'onagres qui filent au trot vers le sud ; pensant les surprendre, je contourne rapidement un mamelon rocheux derrière lequel ils ont disparu, malheureusement de l'autre côté se trouve un bois assez considérable de petits tamarix où ils se sont engagés et je perds complétement leurs traces ; par contre j'y trouve des troupes nombreuses de pigeons et de guêpiers qui se laissent approcher avec une facilité extraordinaire. Vers neuf heures, après avoir traversé une dépression argileuse où pousse en abondance une euphorbiacée à feuilles jaunâtres, qui répand une forte odeur cadavérique, nous atteignons un contre-fort rocheux couvert de grandes pierres plates, où se voit un monument curieux auquel les Touareg assignent une origine bizarre.

Au centre est une enceinte rectangulaire de 4

mètres sur 2 formée de pierres plates placées debout, une cloison médiane divise cet ensemble en deux compartiments ; cette première partie est entourée d'un cercle de 10 mètres de diamètre composé de la même façon et ouvert du côté est sur un arc de 100° environ; de chaque extrémité de cette deuxième

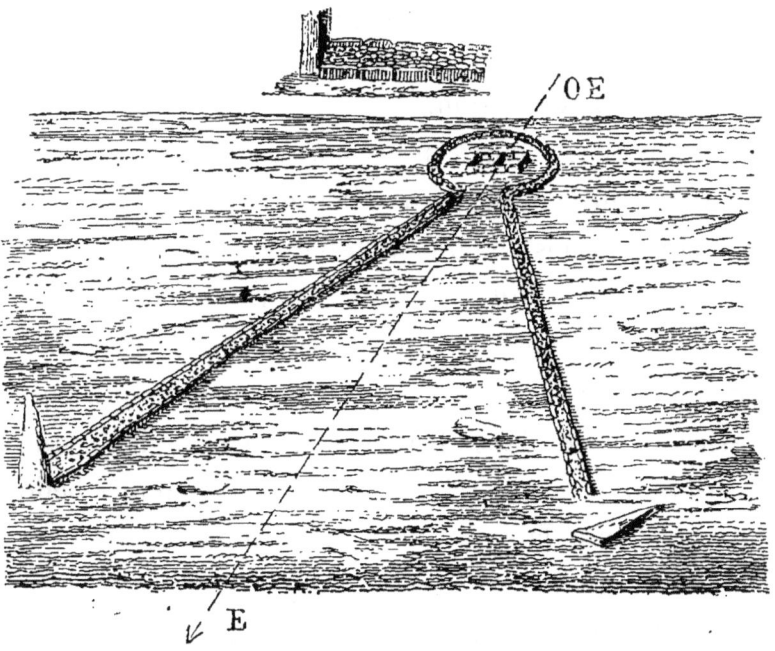

enceinte part une ligne formée de deux rangs de petites pierres plates, dont l'intervalle est rempli de cailloux ronds, ces deux lignes ont environ 65 mètres de longueur et se terminent par une sorte de borne placée debout à l'extrémité extérieure. L'angle de ces deux lignes est d'environ 100° et son ouverture est tournée vers l'orient. Les Touareg racontent que cette construction a été faite pour marquer l'emplacement où se serait assis un individu d'une race géante qui occupait le pays avant eux ; la partie médiane marquant le siège et les deux lignes l'endroit où s'étendaient les jambes. N'attachant aucune idée religieuse à ce monument, les indigènes ne s'opposeraient en rien à ce qu'on le fouillât, malheureusement le temps nous manquait pour procéder à une pareille opération.

Vers onze heures, nous traversons l'Oued-Tidjoudjelt qui contourne une petite dune, où l'on voit quelques restes de *gourbis* touareg, faits en bois et en paille de *drinn* ; plus loin le sol, qui est argileux et profondément crevassé sous l'action de la sécheresse, se couvre d'énormes tamarix formant un bois assez étendu dans lequel nous marchons jusque vers midi ; nous arrivons alors en face d'une belle nappe d'eau claire, située au fond d'une cuvette argileuse entourée de hautes dunes de tous côtés, sauf vers l'ouest, où se trouve une étroite ouverture livrant passage à un bras de l'Oued-Tidjoudjelt, dont le trop-plein s'écoule en temps de pluie dans le lac. L'oued fait un coude brusque, longeant le pied des dunes qui entourent le lac, et se dirige franchement vers le sud. Le grand r'dir devant lequel nous sommes s'appelle Menghough ; nous campons sur le bord méridional qui est formé par les dernières pentes des dunes dont le pied baigne dans les ondes du lac. De ce côté, le rivage très-découpé forme de jolies petites anses, bordées de nombreux tamarix, à l'ombre desquels poussent toutes sortes de plantes couvertes de fleurs en ce moment; l'*arfeg* et le *falez-lez* dominent. Partout ailleurs, les rives sont basses et argileuses.

Pendant l'après-midi, nous faisons le tour du lac qui a environ 1 kilomètre de long sur 100 mètres de large, l'eau est douce sauf dans la partie ouest où elle est légèrement saumâtre ; c'est de ce côté que débouche la branche qui le relie à l'Oued Tidjoudjelt; quand ce dernier déverse ses eaux dans le lac, il apporte de grandes quantités d'alluvions, qui comblent cette partie et y ont formé des bas-fonds où l'eau peu profonde se concentre sous l'action du soleil. De ce côté, un massif de petits tamarix a poussé sur le cône de déjections et y forme un îlot de verdure habité par des bécassines, des hérons et d'autres oiseaux d'eau. Les eaux du lac contiennent une foule de poissons dont les dimensions doivent être considérables, à en juger par les remous qu'ils produisent en se sauvant au moindre bruit des bords du lac qu'ils semblent affectionner. La rive orientale est couverte de traces d'onagres qui y ont pratiqué de véritables sentiers.

17 *avril*. Dans la journée je fais construire un petit radeau pour opérer le sondage du r'dir, le bois de tamarix vert étant plus lourd que l'eau, on se trouve obligé d'alléger le radeau au moyen d'un chapelet de tonneaux. M. Brosselard s'embarque sur l'esquif qui peut le porter tout juste et parvient après plusieurs heures d'un travail pénible à lever le fond du lac; les cotes du fond augmentent rapidement à partir du bord jusqu'à atteindre 4 ou 5 mètres, profondeur qui n'est dépassée que vers le milieu du lac où existe un creux de petites dimensions transversales qui mesure 8 mètres de profondeur; la température de l'eau, qui est de 27° à la surface sur les bords, diminue rapidement dès qu'on s'éloigne de ceux-ci, ce qui donne à penser qu'il existe au centre une source permanente entretenant l'eau à son niveau actuel; d'ailleurs les Touareg assurent que jamais on n'a vu le r'dir complétement à sec, malgré que sa superficie soit fort variable suivant la saison.

On a pris un certain nombre de poissons d'une espèce particulière décrite par M. Duveyrier dans la relation de son voyage chez les Touareg. C'est le *clarias lazarea* qui se trouve dans le Nil; le plus grand individu de cette espèce qui ait été pris mesurait $0^m,55$ de longueur, mais il doit y en avoir de beaucoup plus grands. Ce poisson, dont les arêtes sont bien adhérentes aux vertèbres après la cuisson, a une chaire blanche et fine qui en fait un manger excellent. MM. Béringer, Roche et Lechatelier sont partis ce matin accompagnés d'un guide targui et de deux sokhrar avec quelques chameaux, pour reconnaître l'Oued-Tijdoudjelt au-dessus du point où nous sommes établis. On a tué ce matin quelques oiseaux ayant l'apparence du canga, mais de plumage bien différent ; c'est probablement le *syrrapte paradoxal*

18 *avril*. Je suis monté sur la grande dune qui borde la cuvette du Lac Menghough au N.-E ; de son sommet on voit s'ouvrir au nord un feidj étroit qui s'enfonce dans le massif de dunes ; au delà de ce dernier, on distingue une ligne de hauteurs rocheuses qui semblent border une vallée pareille à celle des Ighargharen. Vers dix heures et demie la reconnaissance de l'Oued-Tidjoudjelt rentre après avoir relevé ce dernier sur 20 à 25 kilomètres. La rivière s'enfonce dans le massif montagneux et est comprise entre deux berges à pic dont la hauteur augmente au fur et à mesure que l'on avance, jusqu'à atteindre 100 mètres ; le lit est profondément affouillé, on y rencontre à chaque instant des cavités profondes qui contiennent de l'eau ; il y a beaucoup de végétation, le sol, sablonneux, est très-meuble, tellement qu'il ne serait guère possible de pousser au delà du point où s'est arrêtée la reconnaissance. A une bonne journée

de marche de Menghough on rencontre dans l'Oued Tidjoudjelt un douar nommé Aghaghar où il y a quelques palmiers.

Pendant l'après-midi, nous recevons la visite de plusieurs femmes et enfants touareg venus à chameau du douar d'Abd-el-Hakem, *cheïck* targui dont un de nos guides, Sghir, est le gendre. L'une de ces femmes, dont le chameau est couvert d'amulettes et d'une foule de petits miroirs, fait trotter sa monture en cercle en jouant d'une sorte de violon monocorde, formé d'une demi-citrouille évidée que recouvre une peau tendue percée de deux trous et se terminant par un manche en bois. L'archet est formé d'une corde de boyau tendue par une branche recourbée en forme d'arc. L'instrument rend des sons graves et doux qui ne manquent pas de charme. Les femmes sont affectées de maladies d'yeux, presque tous les enfants sont atteints de la teigne.

19 *avril.* Je quitte le camp à cinq heures du matin accompagné de mon ordonnance pour reconnaître la vallée que l'on aperçoit dans le N.-E. En sortant de la cuvette où se trouve le lac, je rencontre une troupe de Touareg en grande tenue, qui se dirige vers le camp ; ces hommes, fort étonnés de me voir de ce côté en si petit équipage, s'arrêtent, tiennent conseil un instant, puis voyant que je ne fais nullement attention à eux continuent leur chemin. Après deux heures et demie de marche dans une suite de feidj étroits à fonds pierreux, coupés de temps en temps par des siouf peu élevés, je me trouve devant un massif de rides plus considérables; comme la ligne des passages que j'ai suivie jusqu'ici m'entraîne trop à l'est, je pique droit au nord à travers les grandes dunes qui sont de ce côté.

Une demi-heure après, je me trouve en face d'une large vallée bordée au nord par une ligne de hauteurs rocheuses déchiquetée et coupée par de larges gorges ; le massif des dunes qui borde la vallée au sud se termine par des pentes fort raides qu'il serait très-difficile de descendre à cheval, aussi, laissant ma monture, je descends à pied dans la vallée qui est de 70 mètres environ en contre-bas. Le sol est argileux et couvert d'une maigre végétation de tamarix et de *seffar* ; elle a environ 5 kilomètres de largeur, on y rencontre de nombreuses traces de campements récents. Comme il est tard et que nous devons quitter Menghough demain, je rentre rapidement au camp dont je suis distant de 18 kilomètres environ.

20 *avril*. Nous levons le camp à cinq heures et demie, dans l'intention de continuer notre marche vers l'est, mais les Touareg arrivés la veille nous font dire que nous ne pouvons nous mettre en route avant d'avoir reçu une réponse d'El-Hadj-Ikhenou-

khen, grand chef des Azguer à qui le colonel a envoyé un courrier il y a quelques jours. En conséquence, nous nous déplaçons de quelques cent mètres et campons sur le bord ouest du lac. Dans l'après-midi, nous sommes assaillis par une véritable trombe accompagnée d'une pluie diluvienne; il tonne avec violence pendant que le vent passe brusquement par tous les points de l'horizon, remuant les crêtes des dunes qui nous entourent. Pendant ce temps, le colonel nous réunit pour décider ce qu'il y a lieu de faire en présence de l'attitude que prennent les Touareg. Il est convenu que nous resterons un jour ou deux encore ici et reprendrons le chemin de l'Algérie si nous ne recevons aucune nouvelle d'Ikhenoukhen pendant ces deux jours.

CHAPITRE VI

DE MENGHOUGH A TÉBALBALET. — L'OUED-IGHARGHAR.
— EL-BYOD.

21 avril. Malgré ce qui avait été décidé, nous quittons le Lac Menghough pour marcher vers l'ouest et reprendre en sens inverse la route qui nous y a amenés. Dans cette journée, nous rencontrons plusieurs troupes d'onagres dont une compte douze individus. Le mâle est de la taille d'un âne ordinaire, de couleur brune foncée, le ventre blanc; les membres sont fins, la tête un peu forte, les yeux remarquablement grands et la robe soyeuse et lustrée, la femelle est de couleur isabelle avec une croix brune sur la partie dorsale; la crinière, le toupet et la queue qui sont peu fournis sont toujours bruns. Ces animaux ont les allures de l'âne. Les Touareg prétendent qu'ils ont une antipathie marquée pour leurs congénères domestiques qu'ils attaquent et tuent parfois.

Un peu avant d'arriver au point où nous devons

camper, à 40 kilomètres environ du lac, nous rencontrons les troupeaux du cheïck Abd-el-Hakem qui continue à nous accompagner dans notre retour. Ces troupeaux changent de pâturages et vont s'établir dans l'ouest; ils se composent d'un grand nombre de chèvres, petites et grandes, de quelques moutons de forte taille et à toison noire généralement, plus un certain nombre de petits ânes portant le bagage des *imghad* (serfs des Touareg) qui conduisent le troupeau. Les grandes chèvres présentent quelques particularités remarquables; de la taille d'un veau, elles ont la tête fortement busquée et des cornes annelées, fortes et recourbées en arrière comme celles du mouflon, leur robe est généralement blanche tachetée de fauve. Pendant cette étape, la troupe des Touareg arrivés en dernier lieu à Menghough nous suit à distance une partie du temps. Sur les observations qui leur sont faites, ils ne tardent pas à nous quitter et à reprendre la route de leurs campements. Le 22, nous gagnons 35 kilomètres dans l'ouest, rien de particulier à signaler.

Le 23, nous nous mettons en marche vers six heures et suivons la même ligne qu'à l'aller jusque vers huit heures. Un peu avant d'entrer dans la vallée de l'Oued-Samon, on remarque sur les dernières pentes de la montagne à gauche de la route un monument très-curieux rappelant celui qui a été vu dans la

Quatre mois dans le Sahara.

Grand Ethel (Foucarir), près du T'dir de Tibabité. (Page 67.)

journée du 16 avril; c'est encore un double compartiment de 2 mètres sur 3 en pierres plates, dont le grand axe est orienté N.-S.; il est entouré d'un demi-cercle de 30 à 40 mètres de diamètre formé de pierres plates dont l'intervalle est rempli de blocage. L'ouverture de ce demi-cercle est tournée vers l'orient; le sol qui s'étend à l'entour a été aplani et dégagé des plus grosses pierres dont on a fait à une certaine distance deux gros tas in-

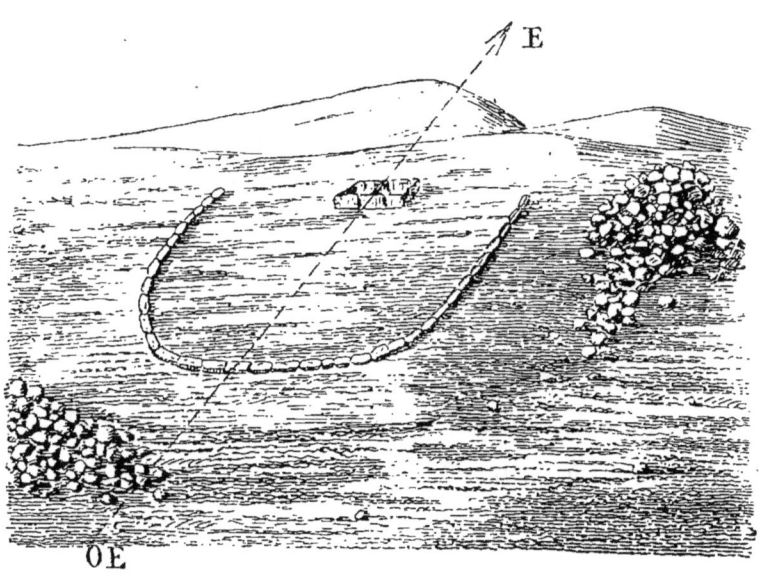

formes. Au moment où nous entrons dans l'Oued Samon, nous obliquons légèrement pour rejoindre le pied des montagnes qui forment le flanc sud de la vallée et y établissons notre camp à environ 12 kilomètres d'Aïn-el-Hadjadj.

L'atmosphère est d'une pureté remarquable et l'on voit tous les détails de la montagne que le trouble de l'air nous avait empêchés même de distinguer le 11 avril. Elle présente un aspect des plus pittoresques, surtout au moment du coucher du soleil qui en accentue les formes. C'est une suite de pitons aigus, dont les flancs sont formés de couches de grès disposées en gradins étroits; entre ces pitons sont des ravins abrupts coupés souvent par des barrages verticaux, qui doivent produire en temps de pluie des cascades grandioses dont les traces sont parfaitement visibles. De vastes cônes de déjections se sont formés au bas de ces ravins et présentent un aspect des plus frappants, étalant leurs formes régulières au pied d'escarpements si déchiquetés.

Le lendemain, nous venons camper à Aïn-el-Hadjadj où nous trouvons le puits rempli d'une excellente eau presque fraîche. Le 25, nous quittons ce point et suivons une ligne qui laisse un peu au N. la route prise à l'aller. Pour la première fois je fais cette étape à mehari, aussi j'arrive un peu moulu par ce moyen de transport qui n'a pas cependant les inconvénients qu'on lui attribue si généralement. On trouve de ce côté beaucoup de buissons de *guetof*, arbuste à feuilles vert argenté, si répandu en Algérie et en Provence où on l'appelle pourpier de mer; ses feuilles forment un fourrage que les animaux mangent très-volontiers ; les indigènes l'utilisent même pour leur alimentation.

26 *avril.* Laissant la caravane marcher directement sur Tébalbalet, je prends un peu au S. dans le but de rechercher malorgnette que j'ai perdue de ce côté dans la journée du 5 avril : un peu avant d'atteindre les premières pentes, je remarque une foule de petits sentiers qui semblent tous converger vers un monticule sablonneux couvert de verdure, c'est une sorte de petite dune dominant le sol environnant de 5 mètres, qui disparait entièrement sous des touffes de joncs et de *diss*, on voit au sommet deux entonnoirs dont l'un peu profond est envahi

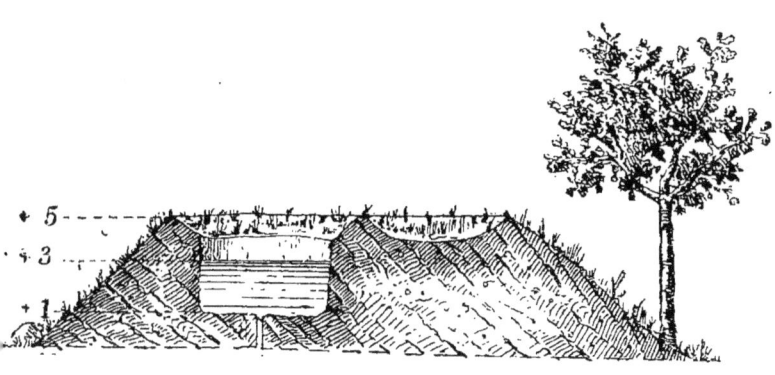

par les joncs ; l'autre qui est beaucoup plus considérable est occupé par une jolie source dont le niveau est sensiblement supérieur à celui de la plaine. On voit du côté est une sorte de déversoir qui doit donner passage au trop-plein des eaux de la source en temps de pluie. Il est même à supposer que le monticule a été formé par la source elle-même, qui charrie probablement du sable en grande quantité. A peu de distance, je retrouve les traces laissées par le passage de mon cheval dans la journée du 5 avril, et quelques instants après, ma lorgnette que je croyais bien ne plus revoir.

Vers neuf heures, le vent se lève de l'ouest et prend en quelques instants une force inouïe, chassant des nuages de sable et de gravier tellement épais, que par moment on distingue à peine le sol. Parfois sa violence est telle que mon cheval se trouve entraîné malgré tous mes efforts pour le maintenir sur la ligne à suivre.

Vers une heure j'arrive à Tébalbalet où l'on n'a pu dresser les tentes : ce n'est qu'à la tombée de la nuit que le camp peut s'établir à grand'peine.

Nous séjournons le 27 à Tébalbalet et le quittons le lendemain à six heures du matin pour marcher au N.-N.-O. laissant à droite la crête rocheuse à l'extrémité de laquelle se trouve le puits. Le vallon dans lequel nous marchons se termine à une dizaine de kilomètres plus loin par un col fort mouvementé, que l'on franchit non sans peine par un sentier sinueux et encombré de roches, au milieu desquelles les chameaux marchent lentement, se débarrassant de leurs charges à chaque instant. De l'autre côté du col se trouve une sorte de dhaya allongée, à fond argileux, couverte d'une plante odoriférante à fleurs de couleur violette panachée de blanc, que les Chambaa appellent *néthil;* au delà, nous nous engageons dans une gorge étroite encombrée par le sable, sur lequel poussent en grande quantité le *drinn* et le *seffar*. Après quelques kilomètres de marche, nous débouchons dans une dépression à fond de sol reg paraissant s'étendre fort loin vers le sud. C'est ici que nous recevons les adieux de deux Touareg Aouelimmiden que nous avions engagés à Ouargla, où ils étaient détenus, ayant été faits prisonniers à la suite d'une *ghazia* tentée chez les Chambaa par une troupe de Touareg dont ils faisaient partie. Ces deux hommes nous ont servi pendant tout le voyage avec un zèle infatigable et se sont toujours tenus en dehors des disputes des autres sokhrar qui nous ont amené tant de difficultés. Ils reprennent la route de leur pays, portant tout leur bagage sur un chameau qui leur a été donné par le colonel et nous quittent en laissant voir une émotion des plus vives.

Deux kilomètres plus loin, nous nous engageons dans les grandes dunes qui s'élèvent en face de nous; après une heure de marche sur un sol sablonneux et excessivement mouvementé, nous débouchons sur une grande étendue de nebka à larges ondulations où le *seffar* forme de véritables prairies, au milieu desquelles nous campons vers trois heures. On aperçoit vers le N.-E. la masse du Khanfousa qui se trouve à une journée de marche de ce côté.

29 *avril*. En route à six heures du matin, nous ne tardons pas à sortir du massif sablonneux qui se termine par une série de siouf peu élevés dont les grands axes sont dirigés N.-S. magnétique. Après avoir traversé une dépression sablonneuse où le gypse apparaît par places, nous entrons vers neuf heures dans une immense plaine de sol reg qui s'étend à perte de vue dans tous les sens, sauf vers le sud où l'on voit une ligne de hauteurs rocheuses à moitié couvertes de sable; il n'y a aucune espèce de végétation sur ce sol pierreux qui est d'une nudité absolue. Nous campons vers trois heures et demie auprès d'un beau gommier, le seul objet rompant la monotonie de cette immense plaine qui est le plus bel exemple de désert qui se puisse imaginer.

30 *avril*. Les chameaux n'ayant rien trouvé à manger hier, nous partons avant le lever du soleil pour tâcher de gagner les espaces où se trouve un peu de pâturage. Vers huit heures, nous passons à côté d'un petit groupe de trois gour appelées Gara Beïda. Vers midi nous nous arrêtons auprès de dépressions allongées et étroites couvertes de sable où poussent un peu de *seffar* et de *neci* ainsi que quelques gommiers. Au moment où l'on dresse les tentes, le temps qui est couvert depuis ce matin tourne à la pluie, qui tombe presque sans interruption jusqu'au soir. Depuis deux jours nous marchons dans l'Oued-Igharghar dont le lit est formé de sol reg jusqu'à cinq ou six jours de marche au moins au sud, d'après les renseignements d'un de nos guides qui connait bien cette région.

1er *mai.* Pendant la nuit, il est tombé une pluie battante qui diminue un peu vers le matin, mais ne cesse de tomber une grande partie de la journée. La température est relativement basse et sous ce ciel pluvieux le pays prend un aspect de tristesse lugubre ; vers onze heures nous sortons du lit de l'Oued-Igharghar en gravissant les berges de la rive gauche qui sont basses et très-découpées. De l'autre côté s'étend un plateau rocheux très-mouvementé où on ne voit aucune végétation sauf en quelques bas-fonds argileux qui sont couverts de *falezlez.* Vers une heure et demie, après avoir contourné une gara blanchâtre d'une régularité de forme extraordinaire, nous venons camper dans un ravinement profond qui se dirige au N.-E. On y voit quelques belles touffes de *dhomran* sur lesquelles nos chameaux se jettent avec avidité, car les pauvres bêtes n'ont pour ainsi dire pas mangé depuis trois jours. Du haut des berges du ravin, on aperçoit bien distinctement les dunes d'El-Byod qui semblent être à moins de vingt kilomètres dans le nord.

2 mai. Nous suivons le fond du ravin qui s'élargit et s'approfondit à mesure que nous avançons, il finit par déboucher dans une grande dépression dont le fond est mouvementé d'une façon bizarre, c'est une série de monticules coniques de gypse, dont la partie supérieure est crevassée et semble avoir éclaté sous l'action d'une force intérieure qui les auraient formés. Dans quelques-uns, la partie supérieure a disparu et l'on voit sous la couche gypseuse formée d'aiguilles accolées, un banc d'argile sablonneuse blanche ou jaune. Plus loin, dans la

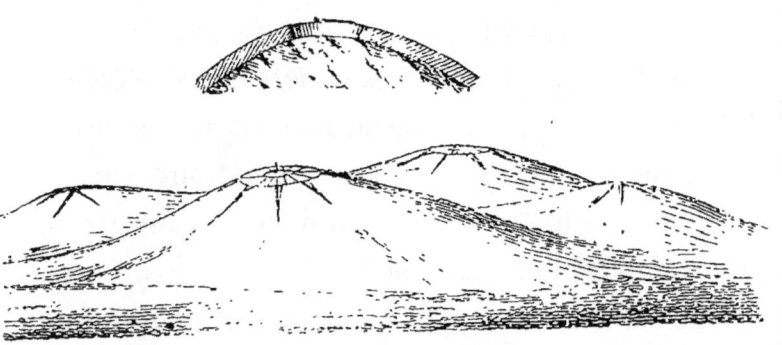

partie basse de la dépression, les monticules sont remplacés par une foule de petits témoins gypseux, entre lesquels on marche sur un sol sableux cachant une couche épaisse de la terre blanche appelée *terba*.

Nous gravissons bientôt les pentes qui bordent cette dépression au nord et nous nous engageons sur un plateau pierreux sillonné par un grand nombre de ravinements, qui vont tous aboutir dans la partie sud de la grande sebkha d'El-Byod. Vers dix heures, nous entrons dans la dune et deux heures après, nous venons camper à El-Byod où nous retrouvons comblés par le sable les puisards que nous avions creusés à notre premier passage. Dans l'après-midi, nous sommes assaillis par un orage violent accompagné d'une pluie diluvienne qui dure plusieurs heures.

3 *mai*. Séjour à El-Byod pendant lequel on envoie un courrier qui doit annoncer notre arrivée à Ouargla. Je procède à l'organisation de la petite caravane avec laquelle je dois gagner Ouargla avec MM. Béringer et Roche en passant par le H. el Mokhanza. En dehors de nous, elle comprendra deux guides, un homme de confiance, cavalier du bureau arabe de Bou-Saada, un domestique indigène parlant le français et trois sokhrar. J'emporte de l'eau pour dix jours et des vivres pour quinze, le tout est porté par cinq chameaux de bât qui, joints aux six mehara qui doivent nous servir de montures, forment un total de onze animaux que l'on n'a pu dépasser, car les Chambaa assurent que l'on trouve fort peu d'eau au H. Mokhanza.

CHAPITRE VII

D'EL-BYOD AU H. EL MOKHANZA, 250 KILOMÈTRES SANS
EAU. — BOU-RECHBA.-OUARGLA.

4 mai. Nous quittons El-Byod à six heures du matin marchant au N.-N.-O. et suivant le fond de la dépression qui s'étend le long des dunes d'El Byod. Une heure après, nous traversons la petite sebkha que nous avons rencontrée en venant d'Aïn-el-Taïba. A quelque distance à gauche on y voit un puits peu profond, le Bir Schadi ainsi appelé du nom d'un esclave nègre qui y tomba jadis.

Les Touareg viennent parfois camper pendant l'été autour de ce puits, dont l'eau est un peu moins mauvaise que celle que l'on trouve à El-Byod. En ce moment, le puits est comblé par le sable. Vers sept heures trois quarts, nous atteignons la grande sebkha d'El-Byod qui s'étend fort loin vers le nord et qui est généralement d'une blancheur éblouissante ; les dernières pluies lui ont donné une couleur terreuse. Toute cette région est couverte d'une belle végétation jusqu'au pied de la dune, on y trouve partout l'eau à 0^m,60 de profondeur.

Nous obliquons bientôt un peu à l'ouest pour gagner le plateau élevé qui borde la sebkha de ce côté, le sol devient rocheux sauf dans les parties basses où l'on retrouve le sol reg ; sur les points élevés, le terrain est couvert de gros fragments de calcaire marneux bleuâtre dont la face tournée vers le sud est profondément affouillée, et affecte les formes de roches soumises à l'action d'un courant d'eau violent ; il est probable que cette région est souvent parcourue du sud au nord par des courants d'air doués d'une grande vitesse, qui produisent au moyen du sable qu'ils entraînent des effets analogues à ceux de l'eau dans les mêmes conditions.

Dans les parties où l'on trouve le sol reg, on voit parfois des medjbed que nos guides disent provenir du passage de ghezou touareg allant ghazzier dans le nord. Vers huit heures et demie, nous laissons à 800 mètres à l'ouest le H. Moketta, puits peu profond, ne donnant plus d'eau depuis longtemps ; du même côté et contre le pied de la dune se trouve un puits profond, le H. bou Rechba ainsi nommé du nom de celui qui l'a creusé ; il contient de bonne eau mais en faible quantité. Vers l'est, nous laissons à quelques kilomètres la sebkha d'El-Byod qui contourne le massif des dunes où nous avons campé la veille. Il en résulte une large coupure qui conduit droit au H. Mouïleh, puits qui se trouve dans la sebkha à trois ou quatre heures de marche de ce côté, il est peu profond et donne une eau semblable à celle d'El-Byod. Au fur et à mesure que l'on avance, le sol devient de moins en moins rocheux; il est légèrement ondulé, on y voit souvent de petites cuvettes couvertes de sable où poussent en grande quantité du *neci*, du *hâd*, de l'*arfeg* et une légumineuse couverte de longues épines que les Chambaa appellent *fouila* ; vers une heure et demie, nous campons au pied d'une dune au milieu de laquelle se voit une sorte de petite sebkha, où l'on trouve l'eau à $0^m,70$ de profondeur. Cet endroit se nomme Mouïleh Mahtallah ; à 150 mètres environ au N.-E. de la sebkha se voit un ancien puits complétement ensablé autour duquel on trouve un grand nombre de silex taillés.

5 *mai*. Nous sommes en route à quatre heures cinquante et contournons la dune au pied de laquelle nous avons campé. A 200 ou 300 mètres de notre gîte, on trouve un puisard de 4 à 5 mètres de profondeur creusé dans la marne bleue qui est au-dessous de la couche calcaire superficielle. Le forage de ce puits a été arrêté au banc de calcaire marneux dur que l'on n'a pu percer. Plus loin nous entrons dans une immense plaine de sol gassi à larges on-

Quatre mois dans le Sahara.

Le lac Menghough vu du nord. (Page 73.)

(Page 92.)

dulations de peu de relief, dont les parties élevées sont couvertes d'une couche de calcaire siliceux ; les parties basses forment des sortes de cuvettes sablonneuses où pousse le *neci* en touffes serrées. Chacune de ces cuvettes comprend un système de petits ravinements sinueux, produits par les eaux qui y amènent les petits matériaux des parties hautes qui se trouvent ainsi dénudées. Vers onze heures, le sol devient absolument plat et la végétation disparait complétement ; vers midi, le vent se lève soudainement du S.-O. et prend en quelques instants une force considérable ; il chasse le sable et le petit gravier avec violence et couvre toute la plaine d'un nuage épais qui cache à nos guides leurs points de repère. Aussi, appuient-ils fortement à l'est pour rejoindre une longue ligne de dunes que l'on voyait ce matin de ce côté et qui peut leur servir à se retrouver. Vers quatre heures et demie nous campons dans un enfoncement de la dune où se trouve un peu de *hâd*.

6 *mai*. Nous quittons notre campement à cinq heures pour traverser la chaîne de dunes contre laquelle nous nous sommes arrêtés la veille. Au point où nous la franchissons elle se compose d'une série de rides d'une hauteur moyenne, mais à pentes très raides, comprenant entre elles de petits fonds de sol gassi. En ce moment l'air est tellement calme qu'il est facile de remarquer une différence de plu-

sieurs degrés de température entre les couches d'air distantes de quelques mètres en hauteur. Jusqu'à deux heures de l'après-midi, nous marchons dans une plaine de sol gassi comme la veille, puis nous traversons une ligne de dunes pour retrouver encore de l'autre côté la même plaine pierreuse et sans ondulations. Au sortir de la dune, nos guides nous font remarquer que le vent, assez fort en ce moment, y fait entendre un bruit continu et rhythmé rappelant le son du tam-tam. Ils attribuent ce bruit à la présence, dans certaines dunes, d'esprits *(djenoun)* qui manifestent ainsi leur joie quand le vent est violent. Vers cinq heures, nous atteignons le pied d'une ligne de dunes peu élevées près de laquelle nous campons.

7 mai. Tous ces jours, par suite du vent violent qui a soufflé presque continuellement, nous avons suivi une direction qui nous menait beaucoup trop à l'est; c'est du moins ce que dit notre guide qui craint de s'être égaré et nous engage instamment à faire de fortes journées; aussi nous mettons-nous en route à trois heures du matin et après avoir décrit une petite sinuosité pour trouver un endroit où les chameaux puissent pâturer, nous prenons franchement une direction nord. Toute la région que nous traversons dans cette journée est parsemée de petites touffes de *neci* nouvellement sorti de terre; le sol en prend à perte de vue une teinte vert argenté très-caractéristique. Ces vastes prairies sont parcourues par les gazelles et les antilopes qui y ont tracé une foule de sentiers. Vers quatre heures, nous atteignons une longue ligne de dunes dans laquelle nous campons bientôt dans une sorte de vallon où se trouvent de bons pâturages. Pendant toute cette journée on voit beaucoup de fragments de lave et quelques coquilles quaternaires pareilles à celles que l'on rencontre dans l'Oued-Igharghar vers Temassinin.

8 *mai*. Nous sommes en route à quatre heures du matin et marchons toute la journée dans la même direction qu'hier. Le sol est peut-être un peu moins plat, on y voit quelques ondulations de faible relief dont les parties basses sont toujours formées de terrain reg que recouvre souvent la nebka sur de grands espaces ; les parties hautes laissent paraître souvent des affleurements de grès calcaire gris sur lesquels on voit quelquefois de petits tas de pierres de grès marneux de couleur bleuâtre dont il est bien difficile de dire la provenance. Vers deux heures, nous apercevons une série de tornados dont l'un, qui présente des dimensions considérables, paraît doué d'une grande puissance d'aspiration. Il remue en effet le sol sur lequel il passe, changeant de teinte suivant qu'il traverse une partie sablonneuse, ou les portions plus dures de la plaine dont il en-

traîne cependant les matériaux plus lourds dans son mouvement giratoire ; le sens de ce dernier est inverse de celui des aiguilles d'une montre. A quatre heures nous campons sur une langue de sable couverte de beau *dhomran* ; c'est la première fois depuis El-Byod que nous rencontrons cette *salsolacée*.

9 *mai*. C'est aujourd'hui que nous devons arriver au H. Mokhanza, si toutefois nos guides retrouvent bien leur chemin, ce dont ils ne sont pas encore bien sûrs. Jusque vers huit heures, le sol est le même qu'hier, tantôt sablonneux et couvert de végétation, tantôt pierreux et complétement nu. De huit à neuf heures et demie, nous traversons une sorte de grande dépression en contre-bas de quelques mètres et dont le fond est tantôt composé de grès friable gris, tantôt recouvert de couches gypseuses blanchâtres. A dix heures, nous arrivons devant une dune isolée que nos guides gravissent rapidement pour reconnaître la direction à prendre, ils ne tardent pas à en descendre tout joyeux car ils ont reconnu parfaitement le pays. Nous appuyons légèrement à l'ouest et après avoir marché quelque temps dans un petit feidj où l'on voit un medjbed qui indique que nous approchons du puits, nous tombons dans une grande plaine de sol reg parsemée de belles touffes d'*ezal*.

En appuyant à un kilomètre sur la gauche, notre

guide Mahtallah nous montre un grand entonnoir profond de 15 à 20 mètres qui rappelle parfaitement l'entonnoir d'Aïn-el-Taïba ; il ne contient pas d'eau et s'appelle Mokhanza-el-Kédima. Ayant demandé à Mahtallah si l'on n'avait jamais essayé de creuser un puits en cet endroit, il me répond que des Chambaa qui ont tenté la chose ont abandonné leur projet parce qu'ils avaient entendu au fond de l'entonnoir un grand bruit pareille à celui que produirait une cascade souterraine. En face de nous à quelques kilomètres au nord se trouve une dune isolée à formes bien caractérisées, qui se nomme le Ghourd Mokhanza. Nous nous dirigeons un peu à droite de cette dune que nous contournons en nous engageant dans la partie basse qui la prolonge fort loin au nord. A deux heures et demie nous sommes à Mokhanza-el-Djedida ; on trouve en cet endroit un entonnoir semblable à celui que nous avons déjà vu aujourd'hui.

C'est au fond de cette cavité que l'on a pratiqué un puits dont l'ouverture se trouve vers le milieu et à 1^m,80 en contre-bas, au fond d'un petit entonnoir à pentes raides. Le puits a 5^m,25 de profondeur jusqu'à la couche d'eau fort abondante qui a 30 à 40 centimètres d'épaisseur. Il est revêtu en maçonnerie sur 2^m,50 environ à partir de l'orifice. Il n'y a point de margelle, aussi est-il encombré par le sable et par toutes sortes de détritus qui y tombent continuellement. Il en résulte qu'il faut le curer avec soin avant de pouvoir y puiser de l'eau ; cette dernière est limpide, mais possède un goût et une odeur

Coupe de l'entonnoir d'Aïn-el-Taïba.

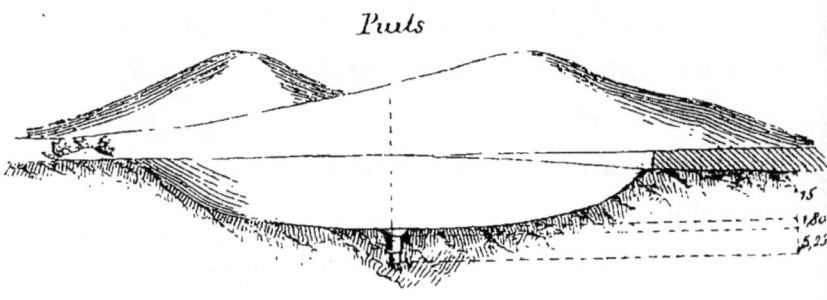

Coupe de l'entonnoir du H.'el Mokhanza.

sulfureuse des plus prononcés, provenant probablement des matières organiques en décomposition avec lesquelles elle est en contact.

Cependant si on la laisse quelque temps à l'air, elle perd complétement ses mauvaises qualités et devient parfaitement potable. D'après Mohammed-ben-Mahtallah, ce puits est excessivement ancien; toutefois, il y a environ cinq ans il ne donnait plus d'eau depuis fort longtemps. C'est notre guide luimême qui, venant camper de ce côté avec ses troupeaux, a curé ce puits et l'a revêtu en maçonnerie ; les Chambaa placent ce point sur l'Oued-Igharghar. Cet oued entre dans la dune en un point situé à trois jours de marche (100 kilomètres) d'El-Byod dans la direction de Ghadamès.Cet endroit a reçu le nom de Tin-Yaguin ; on y trouve un puits d'eau salée au milieu d'une petite sebkha ; entre Tin-Yaguin et le H. el Mokhanza, l'Oued-Igharghar est une grande plaine de sol gassi ou reg complétement dégagée de dunes sauf en un point situé à 30 kilomètres environ de Tin-Yaguin, où se rencontre un massif de sable peu considérable.

Entre le H el Mokhanza et le H. Ouled-Miloud où nous avons traversé l'oued en allant de Tougourt à Ouargla, ce dernier présente un lit bien caractérisé et complétement dégagé de dunes.Du H. el Mokhanza au H. Ouled-Miloud on rencontre plusieurs puits qui se présentent dans l'ordre suivant: à 25 kilomètres,H.BelHiran,15mètresde profondeur;l'eau de ce puits passe pour être la meilleure de toute la région; — 10 kilomètres plus loin, H. el Hadj, puits sans eau; — 50 kilomètres, H. el Bekra, 6 mètres de profondeur, eau saumâtre ; — 19 kilomètres, H. Mégarin, 7 mètres de profondeur, bonne eau ; — 9 kilomètres, H. Ghardaya, 7 mètres de profondeur, bonne eau ; — 25 kilomètres, H. Metacki, on trouve de bonne eau à 1^m,60 de profondeur ; — 27 kilomètres, H. Ouled-Miloud. Au nord du H. el Mokhanza l'Oued-Igharghar possède un lit bien indiqué qui se divise par endroits en plusieurs branches comprenant des îlots entre eux, on suit parfaitement ce lit entre le H. el Mokhanza et le H. Ouled-Miloud.

De Mouïleh-Mahtallah au H. el Mokhanza (250 kilomètres) on ne rencontre ni puits ni sources ; l'immense plaine que nous venons de traverser forme une sorte de couloir entre les deux massifs épais de grandes dunes couvrant le sol à l'est et à l'ouest ; sa largeur varie du sud au nord de 56 kilomètres à 145, comprenant l'Oued-Igharghar qui en occupe le côté est, lequel en est probablement la partie basse, car c'est de ce côté seulement que se rencontrent les fragments de laves et les coquilles quaternaires qui caractérisent le lit de l'oued. Le sol est de nature peu variable, c'est tantôt le gassi, tantôt le reg, dont la surface peut varier comme composition géologique, mais dont l'apparence est sensiblement uniforme : on voit peu ou point d'ondulations, un sol dur, caillouteux ou rocheux, presque dépourvu de végétation, et sur cette immense étendue, pour ainsi dire parfaitement plane, de longues lignes de dunes allongées et minces, courant du nord au sud magnétique, qui la découpent en larges couloirs parallèles, communiquant par des passages nombreux que les différentes chaînes laissent entre elles.

Quant à la direction générale de ces dernières, il est remarquable qu'elle se trouve être perpendiculaire à la chaîne de montagnes qui borde le tell algérien au sud, aussi est-il probable que cette disposition est due à l'action des doubles courants d'air qui s'établissent régulièrement entre les crêtes du Dj. Aurès et du Dj. Amour et les plaines basses du Sahara. D'autres courants doivent se produire entre ces dernières et les sommets du tassili et du Dj. Hoggar et vont rencontrer les premiers dans la partie médiane de la plaine saharienne, comprise entre l'Algérie et le massif central ; d'un autre côté, un troisième courant doit régner entre le golfe de la petite Syrte et l'intérieur du Sahara. Ces trois courants se dirigeant vers une même région qui est comprise entre l'Oued-Igharghar, les chotts et les hauteurs de la Tripolitane, doivent y créer une zone de calmes relatifs, dans laquelle se dépose en plus grande quantité le sable qu'ils charrient. C'est en effet dans cette région que le massif de l'Erg a la plus grande épaisseur et que se trouvent les dunes les plus élevées qui s'y amoncellent sans ordre précis. Quant aux matériaux que transportent ces divers courants, ils proviennent de la désagrégation des roches, principalement sous l'action des changements de température, qui se produisent dans l'espace d'un jour, dans les montagnes du massif central du Sahara, aussi bien que dans les chaînes méridionales du tell algérien.

L'espace de sable dégarni qui existe entre El-Byod et le H. el Mokhanza se trouve précisément situé sur la plus courte distance du massif central du Sahara à la grande chaîne algérienne ; aussi conçoit-on assez bien que sur cette ligne où viennent mourir les brises de la mer et du plateau élevé du Tademayt, il doit exister un courant d'air continu allant tantôt au nord, tantôt au sud et qui a pour effet de maintenir cet espace dégagé de sable, ou du moins d'y disposer le peu qui s'en dépose en longues lignes minces dirigées suivant le sens du courant, lignes qui s'allongent constamment dans les deux sens sans changer visiblement de formes.

On peut se demander si en d'autres points du système général des dunes du Sahara septentrional, il existe des passages analogues à celui d'El-Byod. *a priori*, il est à supposer qu'on trouverait un semblable couloir entre le massif du Tidikelt et l'Atlas marocain le long de l'Oued-Guir ; les dunes doivent être d'ailleurs peu élevées entre le plateau du Tademayt et le pays des Ouled-Sidi-Cheïck ; enfin du côté

Quatre mois dans le Sahara. (Page 102.)

Les montagnes des Azguer au confluent de l'Ouëd-Sanon et de la vallée des Ighargharen. (Page 82.)

d'El-Goléa le massif des dunes est très-mince, ce qui doit être, car le Dj. Amour se prolonge dans le Sahara par une suite de hauts plateaux qui s'avancent bien au sud de Metlili et doivent donner lieu à des courants qui empêchent le dépôt du sable de ce côté.

Le 10 mai, nous quittions le H. el Mokhanza pour gagner Ouargla qui se trouve à 135 kilomètres environ dans le N.-O. Du H. el Mokhanza au H. Téboub (50 kilomètres) où nous arrivons le 11 vers sept heures du matin, le sol devient de plus en plus mouvementé, d'ailleurs nous suivons une ligne qui s'écarte de plus en plus de l'Oued-Igharghar.

Pendant la journée du 10, nous avons traversé plusieurs dépressions venant du sud, d'une dizaine de mètres en contre-bas des plateaux rocheux qui les séparent. Ces dépressions, qui d'après les renseignements des guides partent toutes de la plaine où se trouve Mokhanza-el-Kédima, vont rejoindre vers le nord le lit de l'Oued-Igharghar. Dans la même journée nous sommes passés à quelques kilomètres à l'ouest du Ghourd Bel-Ktouta; c'est dans cette dune que Si-bou-Becker-ben-Hamza, notre khalifa dans le sud, s'empara en 1859 du chérif Mohammed-ben-Abdallah, qui, en soulevant cette région, avait failli compromettre la domination française dans le sud. Le H. Téboub est situé au fond d'une dépression sablonneuse bordée au nord par une ligne de gour [élevées et au sud par un fouillis de petites dunes couvertes de fort belle végétation, où domine un arbuste couvert de belles fleurs rouge amaranthe qui se nomme *zeita*. Nous nous arrêtons à peu de distance du puits à côté d'un buisson de tamarix qui nous abrite un peu du vent, très-fort en ce moment. La chaleur est excessive et comme je désire faire halte quelques heures en cet endroit, je fais dresser une sorte de tente avec nos couvertures, car il est impossible de se procurer de l'ombre autrement.

Il y a des campements de Chambaa aux environs du puits, entre autres celui du vieux Bou-Rechba qui a été longtemps la terreur de toute cette région jusqu'à Ghadamès et au Hoggar. Vers dix heures, un des fils de cet homme vient me trouver pour me dire que son père se trouvant très-malade ne pourra venir me rendre visite et ajoute qu'il nous prie d'accepter la diffa de sa part; une heure après, malgré ce qu'avait dit son fils, Bou-Rechba, qui est à moitié paralysé, se fait transporter à notre bivouac; après les saluts d'usage, je lui fais raconter l'histoire de sa vie qui ne manque pas d'intérêt : Etant enfant et n'ayant plus ni père ni mère, il avait quitté Ouargla pour se rendre à Ghadamès, accompagné de deux de ses oncles qui étaient les seuls parents qui lui restaient. Attaqué en route par une troupe composée de Touareg et de gens de Ghadamès, il vit tuer sous ses yeux ses deux oncles et n'échappa au même sort qu'en se cachant dans un buisson de *drinn* ; étant parvenu après des souffrances sans nombre à rejoindre les campements de sa tribu, il voua une haine terrible aux meurtriers de ses parents ; toute sa vie se passa en ghazzia tantôt à l'est, tantôt au sud et il mit tant d'acharnement à sa vengeance que les gens de Ghadamès lui envoyèrent un jour une députation pour lui demander à quelles conditions il ferait la paix. Bou-Rechba leur répondit qu'il ne changerait sa manière d'agir que s'ils lui ramenaient son oncle vivant, puis il continua ses représailles jusqu'au jour où la maladie et la vieillesse le forcèrent à ne plus quitter sa tente.

Dans ses déplacements lointains à la poursuite de ses ennemis, il s'est trouvé souvent devoir rester quelque temps dans des endroits où il n'y avait point d'eau ; si le terrain lui semblait convenable, il faisait creuser un puits. Le plus éloigné qu'il ait créé dans le sud se trouve à trois grandes journées de marche (150 kilomètres) au sud d'El-Byod, il se nomme H. el Hadjadj ; ce nom comprend un ensemble de cinq puits de 10 mètres de profondeur et donnant d'excellente eau. Du côté de Ghadamès le plus éloigné qu'il ait creusé se trouve bien à l'est de Tin-Yaguin, il se nomme H. el Melah et donne de l'eau un peu moins salée que celle d'El-Byod ; on le trouve à six jours de marche du H. Bel-Hiran

Coupe du H. bou Rechba d'après Bou-Rechba.

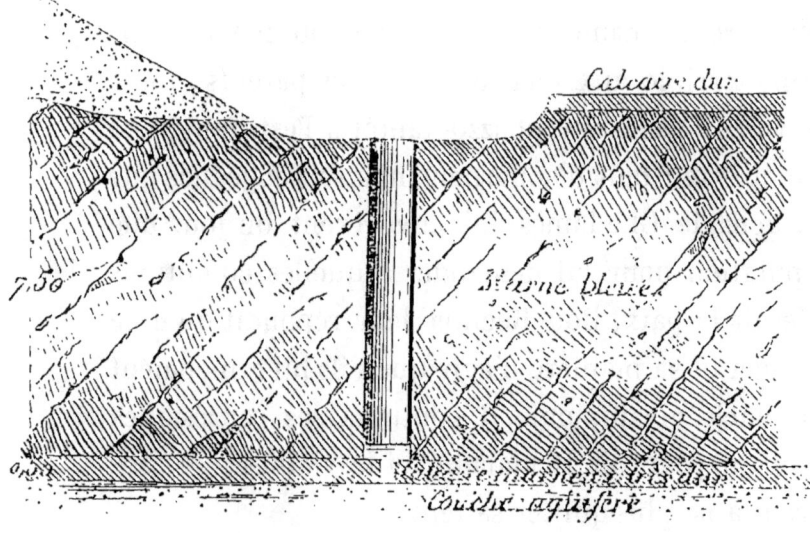

Coupe du H. bou Seroual d'après Bou-Rechba.

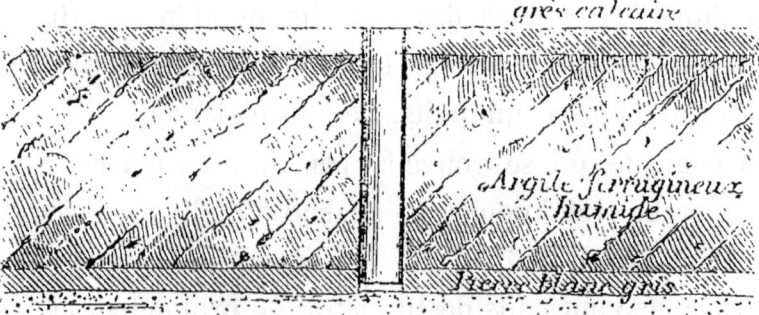

sur la route de Ghadamès. Les deux derniers puits creusés par cet homme sont le H. bou Rechba qui se trouve le long des dunes à peu de distance N.-E. d'El-Byod et le H. bou Seroual au pied du ghourd de ce nom.

Dans toute sa longue carrière, Bou-Rechba se rappelle avoir creusé ou fait creuser quinze puits dans l'oasis de Ouargla et autant dans le pays des Chambaa et des Touareg.

Nous quittons le H. Teboub à deux heures et demie en gravissant la ligne des gour qui se trouve devant nous, puis nous traversons une suite de dépressions séparées par des gantara rocheuses et dénudées, les parties basses sont souvent couvertes de sable dans lequel pousse une belle végétation. A trois heures et demie nous passons non loin du H. el Guettar dont l'eau est, dit-on, remarquablement pure ; un peu plus loin nous traversons le plateau appelé Gantaret el Mjeira qui se prolonge vers le sud jusqu'au H. bou Nemel-el-Djedida que j'ai reconnu le 11 mars du H. Mjeira ; au bout d'un quart d'heure de marche sur ce plateau, nous descendons dans une grande dépression allongée, qui se nomme Oued bou-Nemel, cet oued s'étend au sud jusqu'au H. bou Nemel-el-Djedida et débouche plus au sud dans le cirque où se trouve le H. Mjeira ; dans cette partie il prend le nom d'Oued-Mjeira. Du point où nous campons dans un fouillis de petites dunes couvertes de très belle végétation, on aperçoit parfaitement la brèche qui donne entrée de ce côté dans le cirque de Mjeira. Nous avons à un kilomètre au N.-E. un puits sans eau appelé H. bou Nemel-el-Kédima.

Dans la nuit du 11, nous avons été assaillis par un fort coup de vent très froid venant du S.-O. ; quoiqu'abrités par un grand buisson d'*ezal*, au pied duquel nous nous sommes installés, le sable a recouvert tous les objets placés sur le sol et nous-mêmes d'une couche de plusieurs centimètres d'épaisseur.

Le 12, nous quittons l'Oued bou-Nemel à cinq heures du matin et après avoir traversé la Gantara Lefaya nous descendons dans l'Oued Lefaya, lequel semble rejoindre le premier à quelque distance vers le nord ; vers sept heures et demie nous passons à côté du H. Lefaya, puits profond sans eau (9 mètres). Vers dix heures, après avoir franchi une suite d'oued étroits et de gantara sans importance, nous arrivons dans une grande dépression de forme arrondie appelée Houdh ben Amra où nous faisons halte une heure. Enfin vers midi et demi nous descendons dans la plaine où se trouve le H. Terfaya que nous laissons à quelques centaines de mètres sur notre gauche. Suivant une ligne un peu différente de notre route d'aller, nous passons entre les gour qui occupent la partie N.-E. de la plaine et venons camper vers deux heures et demie à quelques kilomètres plus loin. 25 kilomètres nous séparent encore de Ouargla que nous devons atteindre dans la journée du lendemain ; le soir j'envois un de nos sokhrar porter une lettre au khalifa de l'agha qui se trouve à Ouargla, dont ce dernier est absent en ce moment.

Le 13, nous nous mettons en route à cinq heures et reprenons en sens inverse le chemin que nous avons fait le 6 mars ; vers dix heures nous arrivons à Rouissat où nous trouvons le khalifa qui est venu à notre rencontre de Ba-Mendil où il réside en ce moment, à cause du *tem*, fièvre bilieuse qui règne à Ouargla du commencement de mai à la fin de juillet. Vers onze heures, nous sommes à Ba-Mendil où nous recevons la même hospitalité qu'à notre premier passage. Le 17, la mission rentre à Ouargla après avoir suivi en sens inverse la route prise à l'aller, tout en faisant un petit crochet vers le H. bou Rouba. Le lendemain 18, le colonel prenait la route de El-Aghouat où il doit nous précéder de quelques jours, car nous devons séjourner à Ouargla pour y régler le compte des sokhrar qui doivent rester ici.

CHAPITRE VIII

DE OUARGLA A EL AGHOUAT. — LE MZAB. — LA CHEBKA. — EL-AGHOUAT.

Le 20, tout étant réglé, on envoie une partie de nos chameaux à Ngoussa où ils sont confiés aux bons soins du cheïck. Le lendemain nous quittons Ouargla et prenons la route du Mzab.

Le 22, nous atteignons l'Oued-Mzab dont nous suivons la rive droite jusque vers Ogla-Zelfana où nous sommes le 24 ; le puits est complétement ensablé. A partir de ce point nous marchons presque constamment dans le lit de l'oued, que nous ne quittons qu'à une dizaine de kilomètres environ avant d'arriver à la première ville de la confédération. Après une heure de marche environ sur le plateau qui borde l'oued, nous descendons par un sentier assez raide dans la rivière qui a environ 300 à 400 mètres de large et qui est comprise entre deux berges rocheuses d'une trentaine de mètres de haut. Au fur et à mesure que nous avançons, le lit de l'oued se couvre de palmiers à l'ombre desquels poussent des céréales, ainsi que plusieurs sortes de légumes et beaucoup d'arbres fruitiers.

Nous ne tardons pas à arriver à El-Ateuf, petite ville de 3000 âmes, bâtie en amphithéâtre sur les pentes de la rive droite de l'Oued-Mzab. Nous campons ici le 25. Le lendemain, continuant à suivre le lit de la rivière, nous passons à côté de Bou-Noura suspendue comme un nid d'aigle aux falaises escarpées qui bordent l'oued en ce point. On voit de beaux buissons de câpriers dont les belles fleurs mettent une note gaie dans ce paysage si triste et si misérable. Nous laissons bientôt à notre gauche la grande ville de Beni-Isguen (8000 habitants) et presque en face la petite ville de Melika huchée sur un mamelon élevé qui se détache de la rive gauche; quelques kilomètres plus loin, nous arrivons sur l'esplanade comprise entre Melika et la capitale du Mzab : Ghardaïa.

Cette ville est bâtie sur un mamelon rocheux dont elle couvre les pentes de ses maisons disposées en escaliers. Nous séjournons le 26 et le 27 à Ghardaïa, ce qui nous permet de visiter un peu en détail ces villes intéressantes; Beni-Isguen où nous sommes fort bien reçus par la djemaa est très commerçante. Cette ville est fort bien bâtie, beaucoup de maisons sont construites en moellons. Quant au mur d'enceinte qui se trouve également construit en pierre' il est fort élevé et d'une régularité de formes que ne désavouerait pas un entrepreneur français. Les créneaux sont bien placés, espacés régulièrement et ont des formes très judicieuses. Enfin les tours de flanquement qui sont à plusieurs étages n'ont pas du tout cette apparence de masures en ruines que revêt généralement toute construction arabe. Ghardaïa est beaucoup moins bien bâti, il s'y trouve un grand nombre de Juifs confinés dans un quartier de la ville qui est d'une saleté repoussante.

Le 28, nous contournons la ville et un peu après avoir passé un des barrages qui retient en hiver les eaux de l'Oued-Mzab, nous nous engageons dans un ravin tortueux qui nous mène après une marche assez pénible de plusieurs heures sur le plateau mouvementé appelé *Chebka*. C'est un entassement de monticules rocheux jetés çà et là entre des ravins tortueux et peu profonds dont il est souvent difficile de reconnaître le sens. Tout cela, d'une couleur noirâtre et uniforme, forme un ensemble d'une morne tristesse et qui manque absolument de grandeur. Quelques heures avant d'arriver à Berrian, nous nous engageons dans un ravin profond que l'on suit jusqu'à l'Oued-el-Bir dont il est l'affluent. Berrian, où nous campons le 28, est une ville de 3 à 4000 habitants, établie sur l'Oued-el-Bir, en un point où ce dernier reçoit quatre affluents sur lesquels les ha-

Quatre mois dans le Sahara.

Vue d'El Ateuf. (Page 111.)

(Page 112.)

bitants ont construit autant de barrages. Les jardins sont admirablement cultivés ; il y a beaucoup d'arbres fruitiers et de vignes, qui, mêlant leur feuillage d'un vert franc à la verdure un peu terne des palmiers, produisent un contraste charmant.

Le 29, nous quittons Berrian et marchons sur Tilremt où se trouvent un puits très profond et une citerne installée par le génie militaire. Nous sommes dans la région des dhaya, sortes de cuvettes argileuses comprenant chacune un système de ravinements qui y apportent toute l'eau qui peut tomber aux environs.

Ces dhaya sont couvertes de jujubiers et de *betoum* (pistachier térébinthe). Ce dernier arbre y atteint des dimensions considérables ; celui sous lequel nous campons le 31 à Tilremt a plusieurs mètres de tour et nous pouvons installer plusieurs tentes sous l'énorme masse de feuillage qui surmonte son tronc.

Le 3 juin nous arrivons à El-Aghouat où nous sommes reçus avec la cordialité qui distingue les officiers de l'armée d'Afrique, surtout dans les postes éloignés. La première exploration en vue du chemin de fer transsaharien était terminée ; bien qu'elle eût été menée avec rapidité, elle avait produit des résultats assez considérables ; c'était un levé exact d'une route parcourue en partie par Ismaïl Bou-Derba en

1858 mais que ce dernier n'avait pu reconnaître d'une façon satisfaisante vu les conditions difficiles dans lesquelles il l'avait effectuée. Parti au cœur de l'été et à une époque où l'état d'agitation du pays rendait un tel voyage excessivement difficile, il fut obligé de voyager souvent la nuit, très rapidement et sans pouvoir examiner la région qu'il parcourait.

Bien que la mission ait été détournée de son objectif qui était la reconnaissance de l'Oued-Igharghar dans sa partie haute et de la plaine d'Amadghor, elle a pu rassembler des renseignements précis sur la nature du terrain jusqu'à une grande distance au sud d'El Byod. Toutefois le principal résultat est la reconnaissance d'un passage praticable à travers le massif de l'Erg, le long de l'Oued-Igharghar ; cette particularité, unique dans la région des dunes au sud de l'Algérie, suffirait pour indiquer le tracé du futur chemin de fer, ou du moins déterminerait un espace considérable de pays, sur lequel on pourrait dès à présent commencer les études de détail qui doivent conduire à un tracé définitif. Etant donné les conditions défectueuses dans lesquelles la mission était partie, aussi bien au point de vue de l'époque qui était beaucoup trop avancée, que de la composition de la caravane qui laissait beaucoup à désirer, il est réellement remarquable qu'elle ait atteint un résultat aussi satisfaisant.

Quatre mois dans le Sahara.

Melika et Beni-Isguen vues de Ghardaïa. (Page 111.)

(Page 112.)

DEUXIÈME PARTIE

DEUXIÈME MISSION FLATTERS

CHAPITRE I

ORGANISATION DE LA MISSION. — DÉPART DE OUARGLA. — LA VALLÉE DE L'OUED-MYA. — INGHELMAN. — TIGHSIN. — RÉPONSE D'AHITAGHEL.

Après avoir établi des relations avec le cheïck des Hoggar Ahitaghel, le colonel Flatters quittait la France dans le courant de novembre 1880. Arrivé à Alger il y trouvait notre guide pendant la première campagne : Sghir-ben-Cheïck, accompagné de son beau-père Abd-el-Hakem, cheïck targui de la tribu des Ifoghas et d'un autre cheïck de la même tribu. Le capitaine Masson se chargea de faire visiter la ville à ces hommes.

A El-Aghouat la mission retrouvait ses chameaux et ses bagages et gagnait Ouargla rapidement, la saison étant un peu avancée. Elle s'y organisait définitivement et quittait cette oasis le 4 décembre. La mission comprenait les mêmes chefs de service que l'année précédente, MM. Flatters chef de la mission, Masson commandant en second, Béringer ingénieur des travaux de l'État, Roche ingénieur des mines et Guiard médecin aide-major ; M. de Dianous, lieutenant des affaires indigènes, était chargé de la marche de la caravane et M. Santin, ingénieur civil, était adjoint à MM. Béringer et Roche pour les observations. Enfin deux sous-officiers, MM. Pobéguin et Dennery, étaient attachés à la mission et complétaient son organisation.

Les hommes de travail se composaient de quarante huit tirailleurs indigènes de bonne volonté plus trente Arabes étrangers à l'armée, mais dont vingt étaient d'anciens soldats et étaient employés à la smala de El-Aghouat pour le service des chameaux. Le colonel avait emmené, sur sa demande pressante, son ordonnance français qui avait déjà fait la première campagne, plus un jeune Français qu'un accident arrivé à Ouargla avait arrêté au début du précédent voyage. Les guides étaient Sghir-ben-Cheïck, son frère El-Alla-ben-Cheïck, Cheïck-ben-Bou-Djemaa, un Maghzeni de Ouargla, tous de la tribu des Chambaa-bou-Rouba et un homme des Ouled-Sidi-Cheïck établi depuis fort longtemps à Ouargla avec sa famille. Enfin la deuxième mission était accompagnée comme la précédente par un mokaddem de l'ordre des Tedjina qui était censé couvrir la caravane de son influence religieuse.

On avait renoncé presque complétement aux chevaux, la caravane n'en comprenait que trois et à part le colonel et le capitaine Masson, tous les membres de la mission étaient montés sur des mehara. La mission emportait des vivres pour tout son monde qui n'avait ainsi à s'occuper que du service et était mené militairement.

En quittant Ouargla la mission suivait le lit de l'Oued-Mya en marchant sur le H.Djemel. De ce point au H. Inifel qu'on atteignait le 18 décembre, on ne trouva pas d'eau (215 kilomètres) ; le lit de l'oued est bien dessiné entre ces deux points, tandis qu'avant le H. Djemel on reconnaît difficilement le thalweg.

A partir du H. Inifel la mission devait gagner le H. el Messegguem par une ligne directe, qu'elle ne put parcourir à cause du manque d'eau, la pluie ayant été très rare de ce côté depuis fort longtemps. Aussi le colonel Flatters continua à marcher vers le S.-O. dans la direction d'In-Salah jusqu'à un point situé à 150 kilomètres de cette oasis. Il obliqua alors à l'est et arrivait au H. el Messegguem vers le 3 janvier après avoir reconnu le plateau de Tademayt.

Pendant cette route, la mission rencontra une caravane allant d'In-Salah à Ghadamès; les gens qui la composaient apprirent au colonel que Ahitaghel était à In-Salah et qu'il devait y séjourner jusqu'au 6 janvier; on lui écrivit pour lui donner rendez-vous à Tiounkenin à cinq ou six journées de marche au sud du H. el Messegguem. Ce séjour du chef des Hoggar à In-Salah prouvait qu'il avait cru nécessaire de prendre l'avis du cheïck d'In-Salah, Ibn-Badjouda, l'ennemi juré des chrétiens et surtout des Français.

Du 5 ou 6 janvier au 18 du même mois, la mission passant entre les monts Ifettsen et Iraouen venait camper à Amguid dans la vallée de l'Oued-Igharghar (26° latitude N. 3° longitude E.) (1). Ahitaghel ne s'était pas rendu à l'endroit convenu et le colonel écrivait à la date du 19 qu'il craignait de se voir obligé de renoncer à suivre la direction du sud sur la sebkha d'Amadghor.

Dix jours après, la mission campait à Inghelman-Tighsin par 25° 33' de latitude N. et 3° 38' longitude E. dans la vallée de l'Oued-Tedjert. Dans l'intervalle elle avait reçu une réponse favorable d'Ahitaghel qui lui avait envoyé son parent Chikkat avec des

1. La carte jointe au volume est antérieure au voyage de la deuxième mission et aurait besoin d'être complètement remaniée dans cette partie.

guides, mais s'était bien gardé de se montrer lui-même. Toute fois les guides devaient conduire le colonel à travers le pays des Hoggar jusqu'à ses limites méridionales et même guider sa marche jusque Tin-Telloust et Agadès dans le pays d'Aïr. Les membres de la mission étaient pleins de confiance dans l'avenir et tout semblait devoir marcher au gré de leurs désirs.

CHAPITRE II

RÉCIT DU MASSACRE DE LA MISSION. — RETRAITE DES SURVIVANTS SUR OUARGLA. — ENVOI D'ÉMISSAIRES A OUARGLA.

Depuis le 29 janvier aucune nouvelle n'était arrivée à Ouargla, lorsque le 28 mars quatre tirailleurs de l'escorte rentraient dans cette ville et racontaient le drame lugubre qui avait mis fin à la deuxième mission du chemin de fer transsaharien. Ici nous laissons la parole à Mohammed-ben-Belkassem, khalifa de l'agha de Ouargla qui a reçu la déposition de ces hommes (1).

Après l'entrevue des Touareg Hoggar avec le colonel Flatters, nous marchâmes avec notre guide targui jusqu'à un endroit qu'il nous disait être à huit jours de marche de l'Aïr. Vers dix heures du matin, le colonel demanda au guide vers quel côté était l'eau, il lui indiqua la direction du sud-ouest.

Après avoir marché pendant quelques instants, le

1. Ce récit est reproduit ici tel qu'il a été fait à Mohammed-ben-Belkassem.

guide dit au colonel qu'il s'était trompé de direction et trouvant pour prétexte, que l'endroit où ils étaient était le seul où il y avait un bon pâturage, il conseilla au colonel de camper là et d'envoyer chercher l'eau au puits qui était à quelques minutes vers leurs traces en arrière.

Le colonel exprimant le désir de camper à côté même de l'eau, le guide lui répondit que ce n'était guère la peine de se fatiguer en rebroussant chemin ; de plus, étant guide et par conséquent commandant la marche, il voulait qu'on écoutât ses conseils.

Le colonel donna l'ordre de camper puis il suivit le guide vers le hassi ; il était accompagné de MM. Masson, Guiard, Béringer, Roche et Dennery. Les chameaux furent envoyés à leur suite. Il était onze heures du matin. Vers une heure de l'après-midi le nommé Henniche, soldat au 3ᵉ tirailleurs arriva au camp en criant « aux armes » et alla trouver M. de Dianous auquel il dit que tous les officiers, les ingénieurs et les sokhrar étaient assassinés, et que les Touareg avaient pris tous les chameaux.

Au premier abord, M. de Dianous lui dit : « Tu mens. » Le tirailleur lui jura que cela était vrai, sur le moment arrivèrent deux sokhrar qui affirmèrent cette nouvelle. L'officier et l'ingénieur M. Santin suivis d'une vingtaine d'hommes se portèrent au secours du colonel en laissant le camp sous la garde de vingt hommes, commandés par le maréchal des logis Pobéguin.

La route qui conduisait au puits était très accidentée. Nous n'arrivâmes que vers quatre heures. Ce puits était au milieu d'une rivière et bordé à droite et à gauche par deux grandes montagnes noires, dans lesquelles se trouvaient trois ravins qui étaient pleins de Touareg, ils pouvaient être de six à sept cents hommes.

Au premier abord, l'officier voulut pénétrer au milieu d'eux, mais en voyant toutes ces masses, il nous dit : « Replions-nous, il n'y a rien à faire pour sauver le colonel, le mieux est d'aller défendre le camp et de tâcher de sauver ceux qui restent. » Nous vîmes la jument du colonel montée par *Sghir-ben-Cheïck* des Chambaa et celle du capitaine Masson montée par le guide targui. Nous n'aperçûmes même pas les corps des membres de la mission et nous revînmes au camp ou après nous avoir comptés, l'officier trouva soixante-trois hommes.

Voici ce qui s'était passé :

En arrivant auprès du puits, Cheïck-ben-Bou-Djemaa arriva en galopant et dit au colonel : « *Mon colonel, tu es trahi, que viens-tu faire ici ? reviens au camp.* » Le colonel lui répondit : « *Avec les Chambaa, tu m'ennuies depuis l'année dernière, ce n'est pas vrai, laisse-moi tranquille.* » Deux Touareg, le guide et *Sghir-ben-Cheïck* étaient avec eux, Sghir tenait la jument du colonel par la bride, et le guide celle du capitaine Masson.

Le colonel et sa suite étaient en train de tourner autour du puits et d'examiner le terrain lorsque Cheïck-ben-Bou-Djemaa cria : « *Colonel, tu es trahi.* » Les membres de la mission se retournèrent, virent arriver de tous côtés, des masses d'hommes. Le colonel les salua, mais les voyant le sabre à la main, il courut vers sa monture.

Le colonel en mettant le pied à l'étrier reçut à la tête un coup de sabre de *Sghir-ben-Cheïck* ; le colonel ôta son pied de l'étrier et prenant son revolver, il envoya ses six coups à droite et à gauche. Il reçut alors un autre coup de sabre à l'épaule et ne tombant pas, il reçut un autre coup de sabre qui lui coupa la jambe. Puis pour s'assurer qu'il était bien mort les Touareg lui donnèrent des coups de lance sur tout le corps. M. le capitaine Masson ne put arriver à sa jument, sur laquelle le guide était monté et s'était sauvé vers les Touareg. Cerné par le nombre, il tira son revolver et se défendit bravement, il reçut un coup de sabre qui lui fendit la tête et un autre qui lui coupa les jambes, et tomba. M. le docteur Guiard tira son revolver et se défendit énergiquement, il reçut un coup de sabre sur le cou et tomba, le maréchal des logis Dennery mit son revolver à la main et tirant sur les Touareg put atteindre la montagne, mais fatigué, n'ayant plus de cartouches et vaincu par le nombre, il reçut un coup de sabre à l'épaule et tomba.

Quant aux deux ingénieurs qui étaient loin du colonel et suivaient la rivière, pour en faire un levé, nous ne les vîmes point mourir, mais ils doivent être morts parce que les Touareg qui ont assailli le colonel sont venus de ce côté. Un tirailleur du 1er régiment et trois sokhrar furent tués à côté du colonel.

Les deux frères Ahmed-ben-Belkassem et Kouider et les deux frères Saïd-bel-Ararem sokhrar, tous quatre se tenant en groupe, défendirent leurs chameaux, mais leurs cartouches finies, ils furent tués ainsi que deux autres sokhrar ; quatre soldats du 1er tirailleurs et six du 3e régiment subirent le même sort en défendant leurs chameaux, deux tirailleurs du 3e régiment ont disparu.

Cheïck-ben-Bou-Djemaa des Chambaa tira ses deux coups de fusil sur les Touareg et se sauva avec son mehari. Trois sokhrar des Beni Thour tirèrent leurs coups de fusil et revolver, se sauvèrent pour avertir le camp et disparurent ensuite. *Sghir-ben-Cheïck*, son frère *El-Alla-ben-Cheïck*, *Mohammed-ben-Belguith* des Chambaa et *Ali......*, d'In-Salah, passèrent à l'ennemi.

A ce qu'il paraît, avant de quitter le camp pour accompagner le colonel vers le hassi, Sghir aurait dit à son frère et à ses deux compagnons de ne pas décharger leurs chameaux et de suivre ceux de la mission en se tenant un peu loin sur le côté. Ce qui serait une preuve de complot de ces individus avec les Touareg. Ce Sghir est marié avec une femme targuia, est parent de l'ex-caïd Ben-Ahmed et a été il y a un an cavalier au Maghzen. Il est allé l'hiver dernier à Alger pour accompagner les Touareg Azeguer.

L'officier, croyant que les Touareg allaient attaquer le camp, nous donna l'ordre de faire un rempart avec les caisses en y laissant des créneaux, ce que nous fîmes instantanément. Mais les Touareg n'arrivant pas, l'officier dit à ses hommes : « Nous n'avons pas d'eau et pas de guerba, nous devons mourir, autant mourir par les balles que par la soif, allons sur Ouargla, il y en a toujours qui arriveront. »

Il cassa les caisses, enleva des provisions, de la poudre et de l'argent qu'il distribua aux hommes parce qu'il n'avait pas de chameaux (c'était à peu près le 16 février).

16 *février soir*. Nous partîmes pendant la nuit vers onze heures et nous nous dirigeâmes vers le nord, le maréchal des logis nous orientait avec une boussole qu'il avait. On marcha toute la nuit, en

faisant des pauses et nous arrivâmes le 17 février vers dix heures du matin à un puits où, après avoir déjeuné, nous continuâmes notre route jusqu'à cinq heures du soir.

18 *février*. Le camp fut levé à trois heures du matin et vers six heures du soir, on alla camper à un puits.

19 *février*. On leva le camp à trois heures du matin et vers six heures du soir on alla camper à un puits.

20 *février*. On leva le camp à trois heures du matin et vers une heure nous campâmes près d'un puits. L'officier envoya cinq sokhrar avec ordre de chercher des chameaux ou des moutons. Ces cinq hommes revinrent vers minuit amenant avec eux quatre chameaux appartenant aux Touareg et qu'ils avaient trouvés.

21 *février*. On leva le camp à une heure du matin et vers quatre heures du soir on arriva à un endroit appelé Sebkha (pas d'eau), on égorgea quatre sloughis que nous avions et on les mangea.

22 *février*. Lever et campement aux mêmes heures (pas d'eau).

23 *février*. Lever et campement aux mêmes heures (pas d'eau).

24 *février*. On leva le camp à une heure du matin et on alla coucher près d'un puits.

25 et 26 février. Séjour, n'ayant plus de provisions, l'officier fit égorger un chameau et nous fîmes séjour.

27 février. On leva le camp à une heure du matin et le nommé Rabat du 1ᵉʳ tirailleurs qui marchait un en avant fut pris par les Touareg qui le mirent sur chameau et se sauvèrent en l'emmenant, on campa le soir (pas d'eau).

28 février. Départ et campement aux mêmes heures (pas d'eau).

1ᵉʳ mars. On leva le camp à neuf heures du matin, le sous-officier Pobéguin trouva et tua un âne ; nous campâmes près de l'eau où un tirailleur nous tua un autre âne sauvage et l'on s'arrêta près d'un puits. (C'est de là qu'était parti, vers le nord, le dernier courrier de la mission Flatters, Inghelman-Tighsin.)

3 mars. On leva le camp à une heure du matin et on campa à trois heures du soir près d'un puits où il n'y avait pas d'eau. L'officier envoya un tirailleur du 1ᵉʳ régiment, un autre du 3ᵉ régiment et deux sokhrar pour chercher de l'eau, mais ils rencontrèrent des Touareg qui les poursuivirent et se sauvèrent vers le camp.

5 mars. On leva le camp de bonne heure et on s'arrêta le soir à un endroit où il y avait de l'eau. L'officier apercevant des Touareg qui nous suivaient leur envoya deux indigènes de la mission pour leur acheter des chameaux. Ils achetèrent deux chameaux pour sept cents francs et après avoir versé l'argent les Touareg cherchèrent à les leur reprendre, mais les deux Chambaa leur dirent qu'ils étaient sûrs que l'officier n'accepterait pas ces chameaux et qu'il les leur retournerait pour les changer.

6 mars. Mêmes heures de départ et de coucher (pas d'eau).

7 mars. Départ à une heure et vers dix heures on s'arrêta près d'un puits. L'officier fit égorger un chameau dont il nous distribua la viande. Puis on continua à marcher et on coucha à un endroit où il n'y avait pas d'eau.

8 mars. Départ de très bonne heure, les Touareg nous rejoignirent et nous promirent de nous vendre tout ce qu'il nous fallait. Ils prirent un livre du Coran qui était chez le mokaddem et nous jurèrent dessus qu'ils n'avaient pas assisté à la mort du colonel, qu'ils étaient des Ouled-Messaoud, qu'ils nous vendraient des dattes, des moutons et des chameaux pour nous conduire à Ouargla.

L'officier envoya alors avec eux cinq individus pour aller chercher les vivres, mais en ne leur donnant pas d'argent ; le paiement devait se faire contre la marchandise livrée au camp. Puis on continua à marcher et on s'arrêta à la tombée de la nuit, les Touareg campèrent un peu loin de nous.

9 *mars.* On leva le camp de très bonne heure et vers dix heures du matin on s'arrêta à Aïn-el-Kerma (hassi) mais les Touareg étaient arrivés avant nous, ils nous défendirent de boire avant eux, ce que nous fîmes, nous continuâmes notre route jusqu'au soir et on campa à un endroit où il n'y avait pas d'eau.

Dans la nuit, les Touareg nous apportaient des dattes en poussière que nous mangeâmes, mais quelques instants après tout le monde se mit à vomir. Les Touareg avaient mis dans leurs dattes une herbe vénéneuse appelée *el bethina* (falezlez) tout le monde s'en ressentit, les uns étaient couchés par terre, les autres trébuchaient et couraient comme des fous; six tirailleurs du 3e régiment se sauvèrent du camp.

L'officier devenu fou nous envoya des coups de fusil, nous lui enlevâmes son fusil et on le coucha.

10 *mars.* Le matin l'officier se trouva un peu mieux. Les Touareg nous criaient de loin qu'ils nous avaient amené des moutons.

L'officier envoya en leur donnant de l'argent, mais pas d'armes, le mokaddem, deux Chambaa avec deux tirailleurs du 1er régiment; nous les attendîmes en vain, et, voyant qu'ils n'arrivaient pas, nous levâmes le camp et continuâmes notre route.

Les Touareg nous cernaient, nous vîmes les deux tirailleurs qui étaient allés avec les Chambaa et le mokaddem acheter des moutons, courir vers nous, des Touareg étaient à leur poursuite, nous voulûmes leur porter secours, mais l'officier ne voulut pas et les hommes furent tués.

Le maréchal des logis Pobéguin, le sabre d'une main et le revolver de l'autre, se mit à notre tête et criait : « En avant sur les Touareg ! » mais l'officier criait : « Non, non ! »

Il nous fallut obéir à ce dernier ordre malgré notre désir d'en finir et malgré celui du sous-officier. Nous continuâmes notre route toujours cernés, le nommé Mébrouk abattit un mehari d'un coup de fusil, les Touareg enlevèrent la chair de ce mehari et l'homme, et se sauvèrent pour nous devancer au Hassi Amguid.

En arrivant au hassi nous nous sommes battus avec les Touareg qui y tenaient position ; nous étions à cent mètres de distance d'eux et en tirailleurs. M. de Dianous reçut une balle à la cuisse, une autre au téton droit et tomba mort.

M. Santin tomba mort par suite du poison de la veille. Mohammed, soldat au 1er tirailleurs, eut le même sort.

Paul, cuisinier, reçut une balle en pleine poitrine et tomba mort ; Braham, ordonnance du colonel, se porta en avant vers les Touareg ; le poison de la veille l'ayant rendu fou, il envoya un coup de revolver en l'air.

Le Targui *Si-Mohammed-Ould-Amoumen*, guide de la colonne et qui avait trahi la mission, lui envoya un coup de lance, puis cherchait à l'égorger ; le nommé Mohammed-ben-Abd-el-Kader, du 1er tirailleurs (qui est ici), lui envoya une balle et le tua sur le corps de Braham.

Les Touareg nous envoyèrent les premières fusillades avec des fusils Gras qu'ils devaient avoir pris au camp, mais ne pouvant s'en servir en dernier lieu, ils les jetèrent et commencèrent à nous jeter des pierres.

Nous leur avons tué ce jour-là près de trente-trois hommes ; après avoir compté nos morts et ne pouvant approcher du puits, le maréchal des logis nous donna l'ordre de continuer notre route ; nous marchâmes toute la nuit ; le nommé Saïd, du 3e tirailleurs, étant blessé, resta en route ; nous arrivâmes le lendemain matin, 11 *mars*, à Aïn-Saba, fontaine qui se trouve dans le fond d'une espèce de chambre fermée par un rocher.

Nous étions en train d'égorger un chameau, lorsque les Touareg arrivèrent ; le maréchal des logis mit des factionnaires un peu en avant de la cavité du rocher. De toute la journée ils n'approchèrent pas.

A la tombée de la nuit, nous demandâmes au maréchal des logis de nous laisser partir pour tâcher de demander des secours à Ouargla ; il nous répondit que nous ne pouvions pas ; sur notre insistance, il nous l'accorda. Il fut décidé que Mohammed-ben-Abd-el-Kader choisirait trois hommes avec lui, ce qui fut de suite fait. Vers minuit, tous les quatre sortirent en rampant et se glissèrent le long de la montagne ; après avoir marché pendant quelques kilomètres, ils se mirent dans les broussailles et restèrent là.

12 *mars*. Nous passâmes toute la journée dans notre cachette sans entendre aucun coup de fusil, ni un seul bruit, et vers dix heures du soir, nous nous mimes en route, puis nous marchâmes toute la nuit.

13 *mars*. A dix heures du matin, on s'arrêta et on repartit vers quatre heures du soir ; la marche dura jusqu'au lendemain vers dix heures du matin.

14 *mars*. Le soir on se mit en route et on marcha toute la nuit, et nous arrivâmes vers deux heures du matin à un puits appelé Télemacine el Méra.

15 *mars*. Départ le soir et marche toute la nuit ; on s'arrêta à dix heures du matin, et nous nous mimes en route à deux heures du soir ; quelques heures après, nous arrivâmes au Hassi el Hadjadje où nous nous arrêtâmes. A notre départ, le maréchal des logis nous avait donné un petit morceau de

Quatre mois dans le Sahara.

Vue de Berrian. (Page 112.)

(Page 132.)

viande de chameau que nous avions mangé le jour même de notre départ, et nous fûmes forcés depuis de manger une plante appelée *el guetof* et des herbes.

Quand nous arrivions aux endroits où avait campé le colonel, nous trouvions des os que nous faisions bouillir dans les boîtes de conserves vides que nous trouvions.

16 *mars*. Lever et départ vers trois heures du matin et marche toute la journée, nous campâmes à un endroit où il n'y avait pas d'eau.

17 *mars*. Nous nous mîmes en route vers sept heures du matin, et vers cinq heures du soir, nous vîmes des chameaux et des moutons vers lesquels nous nous dirigeâmes. Nous demandâmes aux bergers de quelle tribu ils étaient. Ils nous répondirent « Amguand ». Nous leur demandâmes des nouvelles d'un nommé Radjaa, qui avait accompagné le colonel d'Ouargla jusqu'à Amguid ; les bergers nous répondirent que les moutons lui appartenaient et que sa tente était à côté de là. Ils nous conduisirent à la tente où nous trouvâmes le parent de Radjaa, le nommé Brahim-ben-...(?) ; il nous reçut fraternellement, nous habilla, nous égorgea deux moutons et nous donna tout ce que nous avions besoin. Ayant peur que les gens qui étaient là n'allassent attaquer nos camarades qui étaient en arrière, nous ne le

fîmes pas savoir. A toutes les réponses, nous répondîmes que tout le monde était mort.

Nous dîmes au beau-frère de Radjaa ce qu'il en était et il nous promit que Radjaa, qui était à Aïn-Saba et qui devait revenir dans six jours, irait au secours de nos camarades et leur porterait des vivres.

18 *mars*. Séjour.

19 *mars*. Séjour.

20 *mars*. Notre hôte Si-Brahim-ben-(?) nous avait préparé deux chameaux et s'était offert à nous conduire à Ouargla. Vers midi, nous nous mîmes en route. Chacun de nous monta sur les chameaux à tour de rôle, mais notre guide et sauveur marchait tout le temps.

Nous couchâmes à l'Oued-Souf ; pas d'eau.

21 *mars*. Coucher à El-Fendja de Djougueran ; pas d'eau.

22 *mars*. Coucher à El-Ouaau ; pas d'eau.

23	—	—	Même nom.	—
24	—	—	Hassi bou Khira.	—
25	—	—	Nom inconnu.	—
26	—	—	Hassi Djemel ; eau.	
27	—	—	Hassi el Haicha : eau.	
28	—	—	Ouargla.	

CHAPITRE III

CONNIVENCE DE AHITAGHEL AVEC LES GENS D'IN-SALAH ET LES OULED-SIDI-CHEICK. — DEUXIÈME VERSION DU MASSACRE. — LETTRES D'AHITAGHEL ET DE DIVERS HABITANTS DE GHADAMÈS.

A côté de cette version, d'autres renseignements communiqués par M. Féraud, interprète principal, consul général de France à Tripoli, viennent jeter un jour nouveau sur les causes de la catastrophe et sur les tribus qui ont pris part au massacre. M. Féraud en avait été prévenu le 3 avril par un télégramme de M. le gouverneur général où il était question d'empoisonnement et d'un massacre par surprise; ce télégramme provenait probablement de renseignements venus du sud de la province d'Oran par l'intermédiaire du caïd de Stiten.

Dès le 16 mars, ce dernier avait eu vent de la triste nouvelle; mais la façon dont les faits étaient rapportés et portés vers le 18 mars à la connaissance des autorités françaises était tellement invraisemblable, que l'on se crut autorisé à les démentir. On disait que la mission avait été attaquée au sud du Tidikelt et en partie massacrée, mais que les Touareg, n'ayant pu seuls en venir à bout, auraient demandé l'aide des Ouled-Sidi-Hamza. Depuis, des rapports fournis par les chefs indigènes dans le sud ont assuré l'autorité de la connivence des Ouled-Sidi-Cheïck et des gens d'In-Salah avec les Touareg. On a même dit que des Français (peut-être les deux ingénieurs) seraient prisonniers des Ouled-Sidi-Cheïck ou du cheïck du village de Hennet (Hoggar), qui aurait eu un rôle très actif dans l'attaque de la mission. Enfin Si-Hamza-Ould-Bou-Becker, petit-fils de Si-Hamza (1) des Ouled Sidi-Cheïck, aurait rejoint les Touareg à Koudia (Baten de Tademayt).

Le 4 avril, M. Féraud recevait trois courriers qui confirmaient la triste nouvelle. L'un était du P. Richard, missionnaire français établi depuis plusieurs années à Ghadamès. Nous donnons plus loin le texte des diverses lettres dont a eu connaissance le consul de France ; elles ne permettent pas de mettre en doute la duplicité de Ahitaghel et sa culpabilité.

Voici, d'après les renseignements pris auprès des courriers, la version la plus répandue à Ghadamès, version que M. Féraud résume ainsi :

« Nos voyageurs s'avançaient en caravane dans la

---

1. Si-Hamza, notre ancien khalifa dans le sud de la province d'Oran, est mort vers 1865.

« plaine près d'un puits appelé Bir el Gharama, sur
« la frontière entre l'Aïr et les Hoggar. Les agres-
« seurs, descendus de leurs mehara, marchaient à
« pied derrière un grand troupeau de chameaux et
« cachaient leur nombre et leurs intentions hostiles.
« Le Targui, avec sa lance, son sabre et son poi-
« gnard, est un guerrier terrible dans la lutte corps
« à corps. Ayant peu d'armes à feu, le combat à dis-
« tance lui fait perdre tous ses moyens. Les assail-
« lants s'approchaient donc pour surprendre leur
« proie. A une cinquantaine de mètres de distance,
« la lutte commença ; les balles françaises frappaient
« juste ; les Touareg, perdant déjà plusieurs des
« leurs, sautèrent sur leurs mehara pour en finir et
« alors, dans une charge furibonde de 2 à 300 de
« ces cavaliers, la caravane française a été écrasée
« comme par une avalanche ; la boucherie à l'arme
« blanche commença alors, et c'est ainsi que mon
« vieux camarade Flatters aurait été pourfendu d'un
« coup de sabre (1) de l'épaule à la ceinture, après
« avoir abattu deux de ses ennemis.

« Le chef des Hoggar, me dit-on, a évité de se
« rencontrer avec le colonel Flatters pendant qu'il
« traversait son pays. Il aurait même refusé un che-

1. Le sabre, ou plus proprement l'épée des Touareg, est une arme lourde à large lame rappelant l'épée à deux mains.

« val et des cadeaux qui lui étaient personnellement
« destinés. Si c'est vrai, ce fait seul eût suffi pour
« éveiller la méfiance. »

On voit que cette version diffère beaucoup de celle qu'ont rapportée les quatre hommes envoyés en avant par Pobéguin. Il est difficile dans l'état présent de la question de décider où est la vérité. On verra en effet, d'après les documents ci-joints, que le chef des Hoggar a cherché à se vanter du résultat de l'attaque. Peut-être a-t-il voulu exagérer son rôle actif et se donner du brillant auprès de qui de droit, en imaginant un combat meurtrier, lequel n'aurait pas eu lieu. Toutefois, sa culpabilité est clairement démontrée ainsi que celle des O.-Sidi-Cheïck et des gens d'In-Salah, que l'on retrouve toujours partout où il s'agit de battre en brèche l'influence des chrétiens quels qu'ils soient.

Les lettres qui suivent n'ont besoin d'aucun commentaire.

Lettre de Ahitaghel chef des Hoggar à el Hadj Tahar el Hassidi (1).

Au nom de Dieu Clément et Miséricordieux, de la part du Cheïck Younès surnommé Ahitaghel ben

1. El-Hadj-Tahar-el-Hassidi est un notable de Ghadamès qui, rien que d'après ces lettres, paraît avoir une grande influence chez les Touareg.

Biska, chef des Hoggar à notre ami el Hadj Tahar el Hassidi.

Salutations.

Ce que je t'écris a pour but de répondre aux diverses lettres que tu m'as adressées au sujet de ton ami, le Français. Tu me disais de laisser ces chrétiens traverser mon pays pour se rendre au Soudan. Pourquoi donc n'étais-tu pas en personne avec eux? Ils n'avaient pas commencé par moi à donner le droit de péage. En outre, je n'avais reçu à leur sujet aucune instruction du sultan de Constantinople, pas plus que du pacha de Tripoli. Pourquoi donc ces chrétiens venaient-ils voyager dans notre pays? Jamais de notre vie nous ne les avions vus traverser notre territoire.

C'est chose impossible; ils ne sont point au nombre de ceux qui jouissent de la protection musulmane; ils étaient chrétiens, de ceux qui font la guerre sainte contre les musulmans, et tu prétends dans les lettres que tu nous écris à leur sujet, que ces gens-là ne nous causeront aucun préjudice? Aujourd'hui tout est fini, ils sont venus, ils sont morts.

Des gens que je connaissais sont venus chez nous fréquemment; ton fils, par exemple, n'a-t-il pas vendu et acheté librement et ne s'en est-il pas retourné sain et sauf avec les bénéfices qu'il avait pu réaliser ?

En résumé, ceux qui ont tué ces chrétiens sont les Amghad de Aïr et les gens de l'Adghar. Ils sont morts sur le territoire de Aïr. Ce sont les Amghad sus nommés qui les ont massacrés ; les Hoggar sont étrangers à cette affaire. Ceux qui sont les auteurs de la tuerie ont pour chefs Natali ben Haï bou Bekher, bou Kerscka, Tégenin, Nefis, Guentali ; Kermin et Fougas de Hadghar étaient aussi avec eux.

Au moment où ces chrétiens ont été tués, les Hoggar étaient en incursion contre les Hadghar et n'étaient pas encore de retour chez eux. Donc les chrétiens n'ont été massacrés que par les gens plus haut désignés ; à ces chrétiens, moi j'avais donné un guide qui avait pour mission de les conduire chez les Aïr. J'ai perdu dans cette affaire les meilleurs de mes hommes qui ont également été tués ; deux autres ont été blessés à coup de lance.

C'est fini, et je t'ai informé de tout ce qui est arrivé. J'ai reçu le cachet et la cire.

Salut, le sixième jour du mois de Rebbia de l'an 1298 (Dimanche 6 février 1881).

*Lettre de Ahitaghel chef des Hoggar à Bou Aïcha,
émir de la ville de Ghadamès.*

Au nom du Dieu clément et miséricordieux, de la part du cheïck Younès, surnommé Ahitaghel ben Biska, chef des Hoggar à sa seigneurie Bou Aïcha, émir de la ville de Ghadamès.
        Salutations.

Si vous êtes assez bon pour vous intéresser à nous, sachez que nous nous portons bien et que nous jouissons de la paix; nous faisons des vœux pour qu'il en soit de même de votre côté, s'il plait à Dieu, nous n'avons aucune nouvelle à vous annoncer, rien absolument n'est survenu sur notre territoire.

Maintenant, cher ami, vous nous aviez recommandé de surveiller les routes et de les préserver contre les gens hostiles, c'est ce que nous avons fait. Nous nous appliquons à garantir les routes contre les invasions d'ennemis musulmans et rien en effet ne s'est produit; mais aujourd'hui ne voilà-t-il pas que les chrétiens veulent suivre nos routes. Je vous informe de ce qui est arrivé à ces chrétiens, c'est-à-dire au colonel Flatters, qui est venu chez nous avec ses hommes armés de *mille cinq cent cinquante canons,* dans l'intention de traverser le pays des Hoggar pour se rendre au Soudan. Ils sont venus, en effet, au Hoggar, mais les gens de cette contrée les ont combattus pour la guerre sainte, de la manière la plus énergique, les ont massacrés et c'en est fini. Maintenant il faut absolument, ô cher ami, que la nouvelle de nos hauts faits parvienne à Constantinople. Informez là-bas de ce qui est arrivé, c'est-à-dire que les Touareg ont fait contre les chrétiens une guerre sainte exemplaire ; que Dieu les a secourus contre les chrétiens pour les détruire. Mais aujourd'hui si par ordre de l'autorité, les chrétiens ont la faculté de voyager chez les Touareg, ce sera d'un très mauvais effet pour nous chez les chrétiens, pour nous qui les avons combattus pour la guerre sainte.

On dit que ces chrétiens sont énergiques et batailleurs, donc, ô cher ami, faites parvenir mes paroles à Constantinople et dites en haut lieu que je demande à ce que les musulmans, par vos ordres, viennent à notre aide, pour soutenir la guerre sainte dans la voie que Dieu nous a tracée.

S'il plaît à Dieu, nous serons maintenus les combattants pour la guerre sainte comme Dieu le veut. Salut.

Le 26 du mois de Rebbia du prophète 1298 (Samedi 26 février 1881).

Louanges à Dieu.

Quatre mois dans le Sahara.

La dhaya de Tibient. (Page 113.)

(Page 112.)

De la part de Mohammed ben Mohammed Ould Abd ès Selam de Ghadamès à notre ami Si el Hadj Tahar el Hassidi, salut.

Je me suis préoccupé de ce qui concernait les chrétiens. Après être parvenu dans le pays des Hoggar et avoir agi avec beaucoup de générosité vis-à-vis des habitants, ils en sont partis conduits à deux journées de marche plus loin.

A ce moment, les gens des Médéknat et de Adghar sont venus faire une razzia chez les Hoggar ; mais ceux-ci les ont rattrapés et leur ont fait restituer leur prise. Après cela, les hommes sages sont rentrés chez eux, mais les jeunes gens parmi lesquels étaient les Amghad, au nombre de deux cents mehara, se sont portés à la poursuite des chrétiens et les ont rejoints.

Quand les chrétiens ont vu cette attaque, ils l'ont repoussée, et, parmi les Touareg, il y a eu des hommes et des chameaux abattus, les Touareg voyant les morts tomber dans leurs rangs ont poussé une charge collective contre leurs ennemis, les attaquant à coups de sabre ; ils les ont vaincus et massacrés, c'est-à-dire les Touareg ont tué les chrétiens et parmi eux le colonel Flatters qui a été frappé d'un coup de sabre qui l'a coupé en deux à partir de l'épaule (1).

Il est tombé après avoir frappé un de ses agresseurs et en avoir tué un autre, puis le colonel est mort.

Salut 27 de Rebbia thani (29 mars 1881).

P.-S. Après ce succès les vainqueurs sont tombés sur les Foughas (2) et leur ont tué : Abd en Nebi, el Hadj Ahmed ben Ahmed, Ould Sidi Moussa Allou, Tena ou Ahmed, Omer Ag, Ahmed el Nasser; ils étaient acharnés contre Abd el Hakem et Hand Boul (3), réclamant leurs têtes parce qu'ils les accusaient d'avoir amené les chrétiens dans leur pays. Nous avons appris aussi que les Doui Ménia (4) étaient en troupe campés devant In Salah, mais nous ne savons pas pour quel motif.

1. Sans doute un coup de ces grandes épées semblable à notre ancienne épée à deux mains dont les Touareg savent se servir avec tant de dextérité
2. Foughas ou Ifoghas, tribu azguer qui avait bien reçu (?) la première mission.
3. Abd-el-Hakem et Hand-Boul sont deux cheïck de la tribu des Ifoghas, le premier est le beau-père de Sghir-ben-Cheïck et était allé au-devant du colonel à Alger en novembre 1880.
4. Tribu marocaine dont le territoire est entre le Gourara et le Tafilalet.

De la part de Mohammed el Kebir bou Moussa à el Hadj Tahar el Hassidi.

Salut.

Younès le Maghassati vient d'arriver du Hoggar. Il nous a appris que la colonne venue de chez les Français a été massacrée par les Taïtoukets (Taïtok). Ceux-ci s'étaient fait précéder par un troupeau de chameaux pour se dissimuler et ils ont ainsi trahi les Hoggar parmi lesquels quatre ont été tués et quatre autres ont été blessés. Tous les gens de Foughas qui étaient avec eux ont été tués, mais on dit que ce ne sont pas les Hoggar qui les auraient tués. Tel est le bruit qui circule à Ghadamès.

P.-S. J'ai vu une lettre écrite par le chef des Hoggar dans laquelle il te dit que si tu étais allé en compagnie de ces chrétiens, ils n'auraient été attaqués par personne. Prends garde que le consul de France ne voie cette lettre (cela pourrait te causer des désagréments) et qu'il t'oblige ensuite à partir de force avec eux, soit avec un corps de troupe, soit avec d'autres voyageurs.

Nous avons appris de Younès que ce sont les Chambaa qui ont trahi les chrétiens en disant à ceux qui les ont massacrés : « Résignez-vous, nous les tuerons et nous serons associés pour le partage de ce qu'ils possèdent. »

Alors les Hoggar et leurs alliés les ont attaqués en effet, et massacrés jusqu'au dernier.

Louanges à Dieu seul, à Si el Hadj Tahar el Hassidi de la part des Mohammed ben Mohammed.

Salutations.

Il est arrivé des nouvelles du Hoggar par Younès el Maghassati et son fils, lesquels sont venus à Ghadamès. Ils nous ont fait connaître que les chrétiens qui étaient allés au Hoggar ont été massacrés. Ils nous ont dit qu'un homme des Chambaa du nom de Sghir et ses compagnons ont eu un très grand profit dans cette affaire. Ces Chambaa se sont installés chez les Foughas et se gardent bien d'aller à Ouargla.

Entre autres nouvelles, nous avons appris que Abd en Nebi le Targui, Mama Agui Ahmed ou Flan et el Hadj Ahmed el Moussa ont été pris par les Hoggar et massacrés, les Hoggar sont à la poursuite des autres gens de Foughas.

Mohammed el Kebir ben Moussa à el Hadj Tahar el Hassidi, Salutations.

Younès le Targui a apporté la nouvelle que les chrétiens qui étaient au Hoggar sont tous morts. Les Chambaa qui les accompagnaient ont pris la fuite. Entre chrétiens, ce sont les Hoggar qui les ont massacrés jusqu'au dernier.

J'écris au consul pour l'informer de la mort de ses compatriotes.

27 Rebbia Tani (29 mars 1881).

Au nom de Dieu clément et miséricordieux! Mohammed el Kebir ben Moussa au consul de France à Tripoli de Barbarie.

J'ai reçu les lettres que vous m'avez adressées pour les Français se trouvant au Hoggar ainsi que celles pour l'autre Français, le père Richard, qui se trouve à Ghadamès.

Celles pour le Hoggar, je les avais immédiatement expédiées par un exprès, mais il vient de nous arriver le nommé Younès ben Bou Beker, lequel nous a appris que tous les Français qui se trouvaient au Hoggar ont été tués par les gens du Hoggar.

Les Chambaa qui accompagnaient ces chrétiens ont pris la fuite.

Je vous renvoie les lettres destinées à ces chrétiens qui ont été apportées par el Hadj Belkassem.

Vous n'avez plus rien à faire dans ce pays (au Hoggar) à moins qu'el Hadj Tahar soit présent.

Lui seul connaît bien les Touareg, leur situation, leurs affaires ; mieux que tout autre el Hadj Tahar connaît les routes et les usages des peuplades du Soudan détail par détail.

24 mars 1881.

CHAPITRE IV

CONSÉQUENCES DE CE MASSACRE. — IMPORTANCE D'IN-SALAH. — CONSIDÉRATIONS FINALES.

Si l'on considère les conséquences immédiates de ce désastre, on y voit pour le pays la perte d'une réunion d'hommes, officiers ou ingénieurs, présentant un ensemble de qualités que l'on retrouvera difficilement; quant aux conséquences futures, elles sont d'une gravité exceptionnelle pour l'avenir de notre fortune en Afrique.

Un pareil échec prend dans le Sahara une importance considérable et suffit pour détruire le prestige de la France dans ce pays. Maintenant plus que jamais, on ne peut songer à établir notre influence que par une action vigoureuse. Toutefois, lancer une colonne dans le Hoggar serait une folle entreprise qui, lors même qu'elle réussirait, n'aurait qu'un résultat infime et sans effet pour l'avenir. Le but à atteindre est plus facile et plus profitable; c'est à In-Salah qu'il faut implanter la puissance française pour rendre la tranquillité au Sahara.

Cette ville occupe une position centrale des plus remarquables ; placée au point de rencontre des routes venant de l'est et de l'ouest pour gagner le Soudan soit vers Timboktou soit vers Agadès, elle est le point de passage obligé des caravanes qui se rendent dans ces diverses régions. Son marché, d'une grande importance, est le centre d'approvisionnement des Hoggar.

Ceux-ci, séparés de Ghat par le pays des Azguer, du Soudan par le pays des Taïtok et des Aoulimmiden n'ont de libre parcours que vers In-Salah, car ils sont presque continuellement en guerre avec les tribus qui les entourent. Vivant du passage des caravanes qui viennent d'In-Salah, on pourrait, en occupant ce dernier point, les amener facilement à composition. De plus le Tidikelt et le Gourara sont le refuge de tous les coupeurs de route du désert qui y sont toujours bien accueillis surtout quand ils ont exercé leur industrie sur les chrétiens ou sur des gens venus d'Algérie.

Il se passe peu d'années où les tribus algériennes du sud n'aient pas à souffrir d'incursions de gens de In-Salah sur leur territoire. Enfin, en tenant cette oasis, on sépare les Ouled-Sidi-Cheïck des Touareg et on les force à rester confinés dans leurs repaires du Tafilalet. Ce dernier point est d'une grande importance, car il est facile de voir que cette tribu a toujours été mêlée d'une façon ou d'une autre aux entreprises destinées à battre en brèche l'influence française.

Il y a environ 350 kilomètres d'In-Salah à El-Goléa, dernière oasis soumise à la France; on trouve généralement de l'eau en six endroits le long de la route, c'est donc un voyage relativement facile.

Quant à l'importance des oasis du Tidikelt, on peut s'en rendre facilement compte par ce qui suit, résultat de nombreux renseignements pris par M. le colonel Flatters dans le cours de la première mission.

En venant de Ouargla par la route directe qui laisse El-Goléa à l'ouest, on rencontre d'abord deux zaouïa : celle de Sidi-El-Hadj-Mahmed et celle de Sidi-Djilali. La première renferme quatre maisons, la deuxième trois ; à 1 kilomètre au sud, se trouve le petit ksar de Sidi-Nafed (trente maisons). A partir de ce point, la route tourne à l'ouest pour aller directement sur In-Salah, qui se trouve à 60 kilomètres environ de ce côté. A moitié route se voit le ksar de Gosten (quarante-cinq maisons) ; au nord de celui-ci sont quatre ksour disposés comme il suit, sur la route qui mène à Ouargla par El-Goléa : à 4 kilomètres au nord Hassi el Hadjar (trente maisons), à 2 kilomètres plus au nord Sahela (dix maisons), au nord-ouest et à 500 mètres Souhila (six maisons), enfin au nord de Sahela et à 2 kilomètres est Melianat. Cet ensemble reçoit des habitants du Tidikelt la dénomination de Kouari.

A partir de Gosten, il faut encore marcher pendant 30 kilomètres à l'ouest pour atteindre In-Salah qui renferme quatre cents maisons. A 400 mètres au sud de ce ksar s'en trouve un deuxième de la même importance, il se nomme Ksar Ouled-Sidi-el-Hadj Belkassem, enfin à 1 kilomètre sud d'In-Salah est le petit ksar dit Foggaret-el-Arab. En marchant pendant 35 kilomètres vers l'est, on arrive à Inghar renfermant trente-cinq maisons.

Tout ce système est dans un fond de sol reg, couvert par places de sable qui envahit les approches des ksour, s'accumule contre les maisons et les fait souvent tomber. Ce sable venant presque constamment de l'est, les plantations de palmiers et les jardins sont à l'ouest des habitations. Aucun des ksour n'a de mur d'enceinte. Le climat est sain, quoique excessivement chaud, l'air est sec et vif.

Si l'on prend le chiffre 8 [*] comme proportion du nombre d'habitants au nombre des maisons, on pourra se faire une idée assez exacte de la population sédentaire du Tidikelt.

On trouve ainsi pour les différents ksour les chiffres suivants :

---

[*] Ce rapport est celui que l'on trouve pour les grandes villes du Mzab, il est certainement un maximum.

Zaouïa Sidi-el-Hadj-Mahmed	24 habitants.
— Sidi-Djilali	32 —
Sidi-Nafed	240 —
Gosten	360 —
Hassi el Hadjar	240 —
Sahela	80 —
Souhila	48 —
Melianat	120 —
In-Salah	3200 —
Ksar Ouled-Sidi-el-Hadj-Belkassem	3200 —
Foggaret-el-Arab	280 —
Inghar	240 —
Population totale	8074 —

En admettant que les hommes en état de porter les armes forment le quart de la population, on trouve le chiffre de 2016.

D'après ces chiffres, on voit qu'In-Salah et ses annexes ne peuvent former un obstacle sérieux à une occupation du pays, en vue de l'établissement d'une ligne de fer. Les difficultés les plus grandes se trouveront certainement au delà du Sahara, dans la région inconnue qui avoisine le Niger. Dans cette partie (Kihal, pays des Aoulimmiden), le sol doit être mouvementé et la construction d'un chemin de fer y rencontrera des obstacles qui n'existent nulle part entre Ouargla et Agellachen, en suivant la vallée de l'Oued-Igharghar. Cette vallée, parfaitement plane, est comme une grande route à travers la dune, dont il ne faut pas songer à s'écarter si l'on veut mener à bien la grande entreprise du transsaharien.

Malheureusement, on n'est pas assez persuadé en France de l'importance de ce projet. Mis en avant par un ministre qui mettait un profond savoir et une haute intelligence au service de grandes idées, cette conception a pris un moment un essor considérable, et maintenant, tous les hommes qui ont su apprécier ce projet et le prendre au sérieux craignent de le voir retomber dans l'oubli, après le terrible événement qui a mis à néant tant d'espérances.

Beaucoup de personnes, qui ont habité ou parcouru l'Algérie, ont pris des idées fausses sur la région située plus au sud et que l'on appelle le Sahara. Lancer une ligne de fer dans un pays où l'on ne trouve ni eau, ni vivres, les fait sourire; et d'autres, qui ont étudié le Sahara par eux-mêmes ou dans les récits des voyageurs, n'ont d'autre idée que de chercher à rétablir les lignes de caravanes. A ceux-ci, la seule réponse à faire est qu'il n'y a d'autre commerce possible par caravanes que celui des esclaves; du jour où on a supprimé ce trafic honteux, on a supprimé les lignes de caravanes d'Algérie au Soudan. Quant à les rétablir dans les conditions actuelles, c'est chose tout aussi impossible que de rétablir une ligne de diligences entre Paris et Lyon.

Sans plus insister sur ce point, on peut répondre aux autres que s'il n'y a ni eau ni vivres dans le Sahara, ou du moins, dans la partie qui s'étend de Ouargla au pays des Aoulimmiden (1500 kilomètres environ), les ressources sont encore bien plus faibles entre Brest et New-York, où la distance est presque trois fois plus grande.

L'eau se trouve partout dans le Sahara à peu de profondeur et en grande quantité; quant aux vivres, il est facile d'établir des magasins en nombre suffisant, pour assurer les subsistances pendant un voyage si court. Le climat, quoique fort chaud, est très sain, la culture est possible en certains points. Toutefois, il ne faut nullement songer à coloniser le Sahara, qui est et restera un désert. Il faut s'habituer à considérer cette région comme un océan sur lequel il est facile d'établir un pont. Le but à atteindre est le Soudan qu'il faut relier à l'Algérie, si nous ne voulons perdre la situation remarquablement propice que nous avons en Afrique.

Possédant au nord l'Algérie qui laisse le Maroc à l'ouest, au sud le Sénégal qui s'étend de l'est à l'ouest, nous avons deux amorces vers le centre commercial de l'Afrique. Il nous suffit de les prolonger, de les réunir même pour rendre inutiles les tentatives étrangères au Maroc et dans la régence de Tripoli.

Le premier état, où l'influence anglaise est prépondérante, se trouverait aussi enclavé dans les régions où la France aurait la prépondérance commerciale. Quant à la régence de Tripoli, l'état peu prospère où se trouve cette région aussi bien au point de vue agricole qu'au point de vue commercial ne permettra pas de longtemps à une puissance qui y prendrait pied, de soutenir la concurrence de l'Algérie où l'on a déjà tant fait pour la sûreté du pays et la création de ports réellement dignes de ce nom.

Nous sommes donc mieux placés que personne pour mener à bien cette grande entreprise du chemin de fer transsaharien, de plus tous nos intérêts nous poussent à nous étendre en Afrique. Manquant de débouchés pour notre industrie, dont on tentera vainement de rétablir l'équilibre au moyen de tarifs plus ou moins compliqués ; obligés la plupart du temps de prendre les matières premières à l'étranger, ce n'est pas par de petits procédés que l'on peut changer l'état morbide dans lequel se trouvent commerce et industrie en France. De plus, par suite de cet état, les capitaux s'immobilisent, le pays, malade de pléthore métallique, ne trouve d'autre emploi de son argent que dans les opérations de banque, et l'état moral de la société en souffre. Il faut un dérivatif à toute cette activité factice, et c'est en Afrique seulement que la France peut le trouver.

Pour cela, il faut faire de l'Algérie la tête du commerce soudanien, qui, déjà considérable, ne ferait qu'augmenter dès qu'il aurait à sa disposition une voie rapide et puissante, capable d'écouler les productions du pays.

Il est oiseux de parler de l'importance actuelle de ce commerce, de supputer le nombre de charges de chameaux qui vont du Soudan à la côte occidentale de l'Afrique. Les transports à dos de chameaux sont trop coûteux pour permettre le commerce des matières lourdes et encombrantes. Nul produit n'est assez bon marché au Soudan pour supporter les frais d'un pareil voyage, nulle matière précieuse, fût-ce l'or, ne se vend assez cher en Europe pour que l'on puisse retirer un produit suffisant du transport par caravanes. Le trafic des esclaves seul, la marchandise qui marche, disent les Arabes, et qui gagne 1000 pour 100 sur sa valeur primitive, permettait au commerce par caravanes d'être viable. La suppression de la traite a donc été un arrêt de mort pour ces grandes voies de communication, et tout fait espérer que jamais elles ne se relèveront.

Les difficultés matérielles sont grandes, certes, pour mener à bien un projet comme le transsaharien, mais le courage et l'énergie ne manquent pas en France quand il s'agit de surmonter les obstacles de ce genre; les difficultés morales sont autrement mal commodes à détruire; l'insouciance est grande dans notre pays, le peu d'intérêt que l'on porte souvent à ce qui se passe en dehors du cercle où l'on vit, ont une fâcheuse influence, et on laisse passer le moment où les grandes résolutions doivent être prises. On se donne des minces prétextes, on reste immobile en riant de la folie de ceux qui marchent; puis le temps passe, et quand les nécessités se font sentir, la place est prise, on est en retard sur ceux qui ont su prendre une détermination, et l'occasion perdue ne revient plus.

Espérons que l'on pensera à notre bel avenir, que l'hésitation peut perdre pour longtemps, que l'on saura se débarrasser des petites idées, des petites difficultés qui sont comme les bâtons de la fable et que l'on ne songera à ces hordes de brigands que l'on nomme les Touareg, que pour tirer une vengeance éclatante de la mort des hommes de savoir et de cœur qui ont arrosé de leur sang la terre d'Afrique.

VOCABULAIRE

DONNANT L'EXPLICATION DES MOTS ARABES ET BER-
BÈRES DONT IL EST FAIT USAGE DANS CET OU-
VRAGE.

Aïn. — Source.

Arga. Pl. Areg. Grande dune.

Bir. Pl. Biar. Puits. Abréviation, B.

Byod f. Beïda. Blanc.

Bordj. Maison fortifiée.

Bou. (Litt. père de), de, au.

Chott. (Litt. rivage). Lac salin desséché.

Dhaya. Cuvette basse où l'eau peut s'accumuler en temps de pluie.

Djebel. Montagne. — Abréviation, Dj.

Djedid. Nouveau.

Djemaa. Mosquée, assemblée.

Dra. (Litt. bras). Coteau, colline allongée.

Erg. Massif de dunes.

Feidj. Espace de terrain dégarni de sable au milieu des dunes, généralement de forme allongée.

Gantara. (Litt. pont.) Hauteur séparant deux dépressions.

Gassi. Sol dur sans sable ni gravier, où le pied du chameau ne marque pas.

Gara. Pl. Gour. Témoin du sol primitif, élévation rocheuse se terminant généralement par un banc calcaire horizontal.

Ghourd. Piton de sable isolé. — Abréviation, Gh.

Hassi. Puits. — Abréviation, H.

Houdh. Dépression en forme de cuvette.

Hadj. Pl. Hadjadj. Pèlerin, celui qui a fait le pèlerinage de La Mekke.

Ksar. Pl. Ksour. Village fortifié.

Kébir. Grand.

Kédim f. Kédima. Ancien.

Koubba. Chelaple, tombe de marabout.

Khanfousa. Scarabée, coléoptère, bousier.

Lefaa. Vipère. Lefaya. Endroit où elles sont nombreuses.

Nemel. Fourmi.

Melah. Salé.

Mehari. Chameau de selle.

Mya. Cent.

Nebka. Sol de sable rassi généralement peu mouvementé.

Oued. Cours d'eau, thalweg, par extension, s'applique

dans le Sahara à une suite de dépressions alignées mais ne présentant pas de thalweg. Abréviation, O.

Reg. Sol ferme composé de sable et de gravier où le pied du chameau marque sans enfoncer, il est généralement très-plat.

R'dir. Flaque d'eau persistante.

Sahan. (Litt. assiette). Dépression large et peu profonde.

Sebkha. Bas-fond salin contenant quelquefois de l'eau en temps de pluie.

Sif. Pl. Siouf (Litt. sabre). Longue arête de dunes, dune allongée à pentes raides.

Sghir. Petit.

Saguia. Canal d'irrigation.

Selass. Chaîne de petites dunes.

Taieb f. Taiba. Bon.

Tin. Endroit de.

Tenia, Teniet. Col.

Tassili. Plateau élevé.

Tanesrouft. Plateau bas et rocheux.

Zaouia. Séminaire musulman.

Tob. Torchis, pisé.

VÉGÉTAUX.

Chebreb. (Crucifère.) Zillamacroptera, plante couverte de longues épines aiguës, de couleur vert bleu pâle, fleur violet clair, pousse en larges touffes que les chameaux mangent avec avidité ; est très-abondante dans la vallée des Ighargharen à partir de Tébalbalet ; se voit parfois dans l'Oued-Mzab.

Retem. (Légumineuse.) Retama-Rœtam, arbuste ressemblant beaucoup au genêt, les fleurs ont la même forme mais sont plus petites et de couleur blanc rosé, panaché de violet ; elles répandent un parfum d'une grande finesse et rappelant celui des fleurs de l'acacia ; trouvé en fleurs à la fin de février aux environs de Ouargla; cet arbuste atteint parfois d'assez grandes dimensions, un exemplaire vu près du H. Smihri mesurait près de 4 mètres de hauteur et $0^m,60$ de tour à la base.

Tolha. (Légumineuse.) Acacia arabica, Gommier, arbre épineux trouvé en fleurs au mois d'avril vers Tébalbalet, n'a été vu nulle part au N de Temassinin ; un gommier existant à côté du puits de Tébalbalet mesure 8 mètres de hauteur et $2^m,10$ de tour à 1 mètre du sol.

Ethel. (Tamaricinée.) Tamarix articulata. Le tamarix est l'arbre qui se rencontre en plus grande abondance dans la région reconnue, il pousse comme le gommier le long des thalwegs que les pluies tracent dans le fond des vallées. Sur la ligne parcourue il n'atteint de dimensions considérables qu'au S. d'Aïn-el-Hadjadj; le plus bel exemplaire qui ait été rencontré mesurait 7 à 8 mètres de hauteur et 2^m,30 de tour. Vu en fleurs vers le milieu d'avril autour du lac Menghough.

Tarfa, Ethel. (Tamaricinée.) Tamarix gallica. Ressemblant beaucoup au précédent, se rencontre dans tout le Sahara en massifs plus ou moins considérables, assez abondant autour du lac Menghough, ne paraît pas atteindre les mêmes dimensions que le premier, rencontré en fleurs à la même époque.

Falezlez. (Solanée.) Hyoscyamus Falezlez, plante vénéneuse à larges feuilles lancéolées vert tendre ; fleurs en forme de cornet à bords découpés, de couleur blanc sale panaché de violet foncé ; se trouve en abondance à El-Byod et généralement dans tous les points où pour une cause quelconque le sol se maintient humide à peu de profondeur, très-abondante autour du lac Menghough, ne paraît pas y avoir des propriétés toxiques aussi violentes que le disent les Touareg.

Dhanoun. (Orobranchacée.) Phelipaa violacea, plante à tige unique sans branches ni feuilles, présentant dans sa jeunesse l'aspect d'une énorme asperge. Se couvre en grandissant de fleurs serrées le long de la tige, ces dernières sont en forme de casque de couleur jaune ou blanche panachée de pourpre foncé, très-commune dans la région de l'Erg ; se voit souvent le long de l'Oued-Tidjoudjelt où elle pousse au pied des tamarix. Les plus grands exemplaires atteignent près de 1^m,50 de hauteur, fleurit au mois d'avril.

ZEITA. (Plombaginée.) Limoniastrum guyonianum, arbuste à petites feuilles ovales allongées, blanchâtres; est très-abondante dans la région habitée par les Chambaa au S. de Ouargla, forme parfois de petits bois dans la dune; fleur rouge amaranthe, rencontré en fleurs au commencement de mai au H. Teboub.

GUETOF. (Salsolacée.) Atriplex halimus, plante frutescente à feuilles ovales, blanc verdâtre, très-commune en Algérie et dans tout le Sahara, recherchée par tous les animaux; les Touareg se servent parfois de ses feuilles comme aliment.

DHOMRAN. (Salsolacée.) Traganum nudatum, plante frutescente contenant une très-grande quantité de sève, très-recherchée par les chameaux à qui cette dernière particularité permet de rester fort longtemps sans boire; ne se rencontre guère que dans les terrains pierreux, très-rare au S. de Tébalbalet.

EL HADH. (Salsolacée.) Cornulaca monacantha, plante sous frutescente épineuse moins savoureuse que la précédente et cependant recherchée par les chameaux, commune dans l'Erg aux points où le sable est rassi et paraît avoir peu d'épaisseur.

ARTA, EZAL. (Salvadoracée.) Calligonum comosum; forme d'épais buissons, recherchée par les chameaux, vue en fleurs au commencement d'avril vers Tébalbalet, dans l'Erg cet arbuste atteint d'assez grandes dimensions.

ses racines rasantes s'étendent sous le sable sur des espaces considérables, il en a été trouvé près du H. Mjeira un fragment qui mesurait près de 15 mètres de longueur.

Alenda. (Conifère.) Ephedra alata, commun dans la région de l'Erg, y atteint parfois de grandes dimensions. Un exemplaire rencontré près de Aïn-el-Taïba mesurait 3 à 4 mètres de hauteur et plus de 0^m,50 de tour à la base.

Dis. (Graminée.) Imperata cylindrica, plante à feuilles plates terminées en pointes, rencontrée seulement autour de la mare d'Aïn-el-Taïba et de la source d'Affeli.

Drinn. (Graminée.) Arthratherum pungens. C'est la plante la plus répandue dans le Sahara septentrional, pousse le plus souvent dans le sable, formant des buissons considérables; rencontrée en épis nouvellement formés un peu au N. d'El-Byod le 24 mars. Le grain que donne cette plante se nomme loûl et est récolté par les Touareg qui le font servir à leur alimentation.

Neci. (Graminée.) Arthratherum plumosum, plante fourragère basse, croissant en touffes serrées dans les parties basses des terrains pierreux, où l'eau et le vent ont amassé une mince couche de sable, très-recherchée par les animaux.

Seffar. (Graminée.) Arthratherum brachyatherum, intermédiaire comme taille entre le Neci et le Drinn, se rencontre seulement dans le sable, vu en épis nouveaux au S. de Temassinin le 2 avril; les animaux le mangent volontiers.

TABLE DES GRAVURES

	Pages
Vue de Tougourt	6
Gara Terfaya	16
L'Erg Djeribia	24
Aïn-El-Taïba	34
El-Byod	42
Temassinin	52
Tébalbalet	64
Tibabiti	72
Grand Ethel près du r'dir de Tibabiti	79
Vue du lac Menghough	92
La vallée des Ighargharen à l'ouest de l'Oued-Samon	102
El-Ateuf	112
Beni-Isguen et Melika	122
Berrian	132
La dhaya de Tilremt	142

TABLE DES MATIÈRES

	Pages.
Avant-propos...	v
Chapitre I. — De Biskra à Tougourt. — Le bas Igharghar entre El-Goug et H.-Ouled-Miloud. — Ouargla..........	1
Chapitre II. — Organisation de la caravane. — Rouissat. — La région des gour et des gantara. — Les grandes dunes. — Aïn-el-Taïba......................................	10
Chapitre III. — L'Erg. — Le Gassi. — El-Byod. — L'Oued-Igharghar. — Temassinin.............................	26
Chapitre IV. — Encore dans les dunes. — Le Khanfousa — La vallée des Ighargharen. — Tebalbalet. — Les premiers Touareg. — Aïn-el-Hadjadj.............................	45
Chapitre V. — L'Oued Samon. — Députation des tribus Azguer. — Tibabiti. — Menghough. — Difficultés. — Retour......	60
Chapitre VI. — De Menghough à Tebalbalet. — L'Oued Igharghar. — El-Byod...	79
Chapitre VII. — D'El-Byod au H.-el-Mokhauza, 250 kilomètres sans eau. — Bou-Rechba. — Ouargla.....................	90
Chapitre VIII. — De Ouargla à El-Aghouat. — Le Mzab. — La Chebka. — El-Aghouat......................................	110

DEUXIÈME PARTIE.

DEUXIÈME MISSION FLATTERS.

Chapitre I. — Organisation de la mission. — Départ de Ouargla. — La vallée de l'Oued-Mya. — Inghelman-Tighsin. — Réponse d'Ahitaghel.................................	115

TABLE DES MATIÈRES.

CHAPITRE II. — Premier récit du massacre de la mission. — Retraite des survivants sur Ouargla. — Envoi d'émissaires à Ouargla 120

CHAPITRE III. — Connivence de Ahitaghel avec les gens d'In-Salah et les Ouled-Sidi-Cheïck. — Deuxième version du massacre. — Lettres d'Ahitaghel et de divers habitants de Ghadamès... 135

CHAPITRE IV. — Conséquence du massacre. — Importance d'In-Salah. — Considérations finales 149

1951. — ABBEVILLE. — TYP. ET STÉR. GUSTAVE RETAUX.

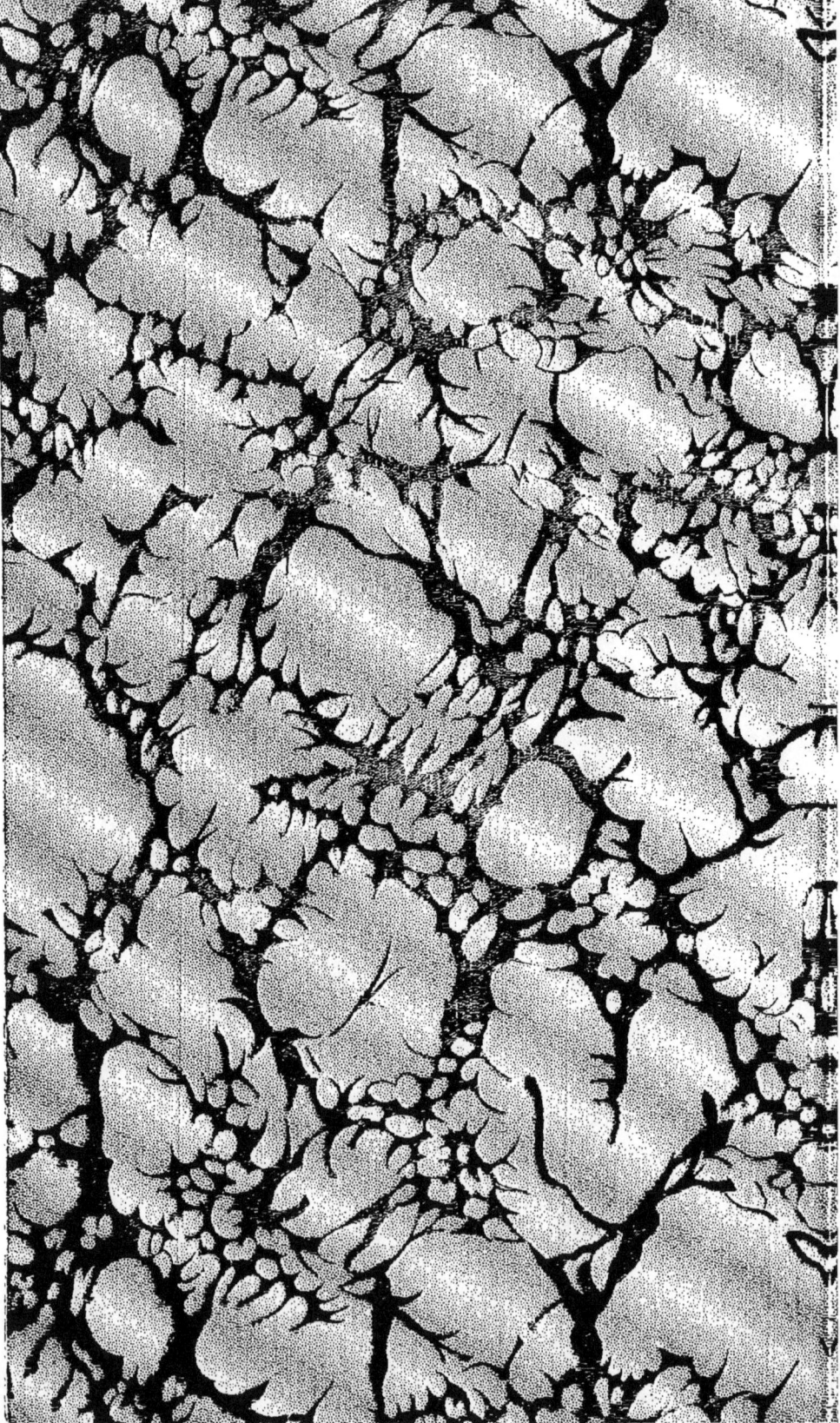

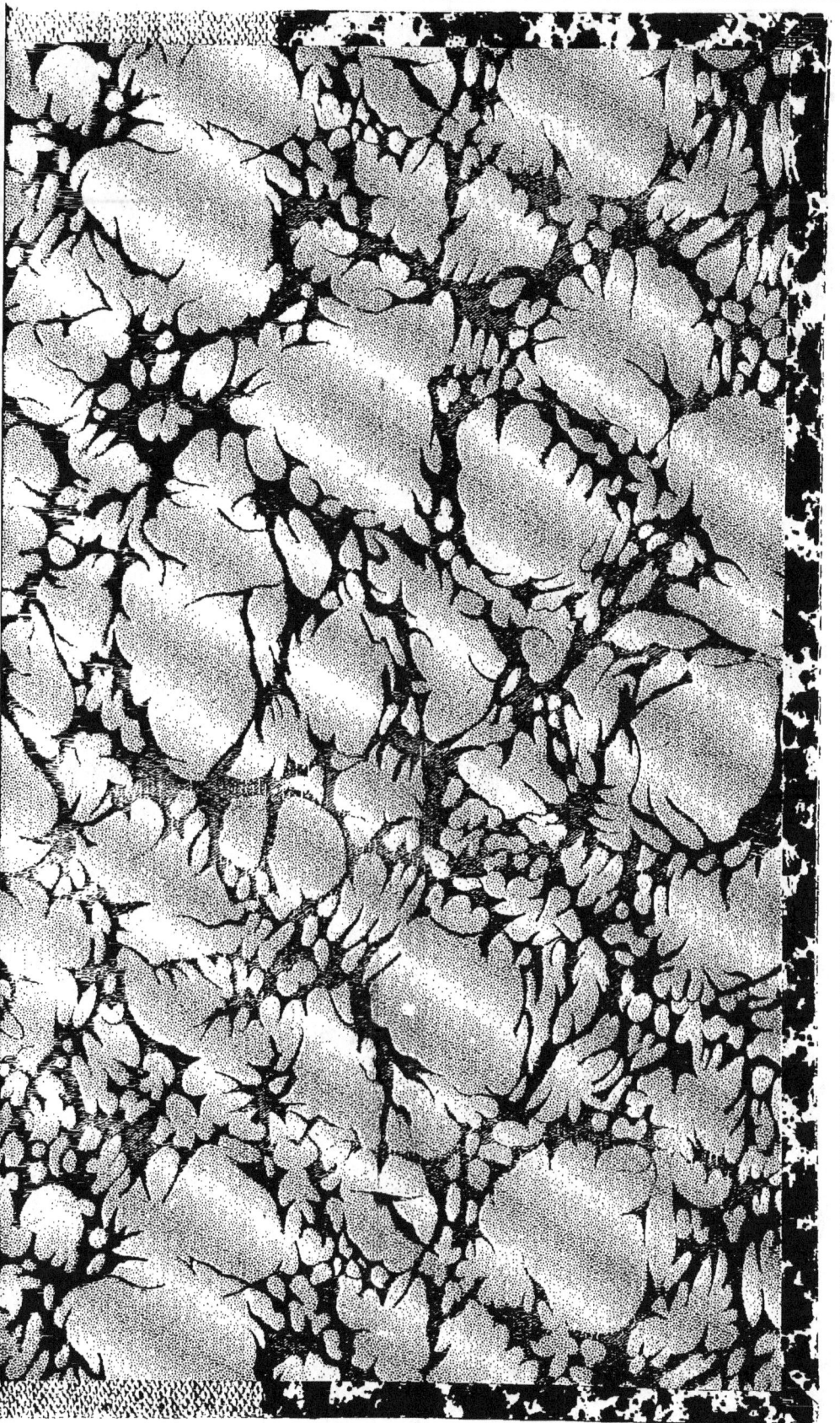